Haftung des Betriebsrats

Einleitung

Das Betriebsratsamt ist ein Ehrenamt. So regelt es das Betriebsverfassungsgesetz in § 37 Abs. 1 BetrVG. Nicht geregelt ist jedoch die Frage, ob mit der Ausübung dieses Ehrenamts neben der zeitlichen Inanspruchnahme möglicherweise auch finanzielle Belastungen verbunden sind. Bisweilen stellen sich Betriebsräte die Frage, ob sie persönlich, dh entweder als gesamtes Gremium oder als einzelnes Betriebsratsmitglied, in die Haftung genommen werden können, sofern sich zB erteilte Rechtsauskünfte als unzutreffend erweisen. Auch besteht Unsicherheit bei der Frage, ob der Betriebsrat und seine Mitglieder Kosten „aus eigener Tasche" übernehmen müssen, falls der Arbeitgeber sich weigert, Kosten des Betriebsrats zu übernehmen. In dieser Arbeitshilfe für Betriebsräte werden einige grundlegende Fragen zur Rechtsfähigkeit, Vermögensfähigkeit und Haftung sowohl des Betriebsrats als Kollektivorgan als auch der einzelnen Betriebsratsmitglieder sowie etwaige – gerichtliche – Konsequenzen bei Verstößen erläutert. Sie dient dazu, dem Betriebsrat und seinen Mitgliedern eine schnelle Übersicht über seine finanzielle, eigentums- und haftungsrechtliche Situation zu verschaffen. Dadurch soll bezweckt werden, dass sie ihre betriebsverfassungsrechtlichen Aufgaben erfüllen können, ohne jedes Mal „Angst" zu haben, haftbar gemacht werden zu können. Andererseits soll es sie aber auch dahingehend sensibilisieren, dass das Betriebsratsamt nicht der Schutzmantel für jegliches Handeln darstellt.

Die ersten beiden Kapitel dieser Arbeitshilfe für Betriebsräte befassen sich deshalb mit der Frage, ob der Betriebsrat als solcher rechts- bzw. vermögensfähig ist, dh in eigenem Namen Verträge schließen und damit grundsätzlich auch haftend in Anspruch genommen werden kann. Ebenfalls soll die Frage beantwortet werden, welche Kosten der Betriebsratstätigkeit vom Arbeitgeber zu übernehmen sind. Im dritten Kapitel geht es um die Haftung des Betriebsrats als Kollektivorgan, während die Kapitel vier und fünf die Rechtsstellung und finanzielle Situation der einzelnen Betriebsratsmitglieder beleuchten. Schließlich setzen sich die Autoren mit der persönlichen Haftung der Betriebsratsmitglieder auseinander. Dies betrifft nicht nur die mögliche Haftung mit dem eigenen Privatvermögen, sondern auch die Frage, ob ein Verstoß gegen gesetzliche Vorschriften als Betriebsrat sogar strafrechtliche Schritte nach sich ziehen kann.

Zur besseren Lesbarkeit wurde im Folgenden auf Gendern verzichtet: Alle Formulierungen erfassen stets alle Geschlechter.

Die Autoren

Lars Althoff
Rechtsanwalt/Fachanwalt für Arbeitsrecht
Vertretung und Beratung von Arbeitnehmern und Betriebsräten im individuellen und kollektiven Arbeitsrecht. Langjähriger Dozent für Schulungen für Betriebsräte im Arbeits- und Betriebsverfassungsrecht.
althoff@arbeitsrecht-althoff.de

Dr. Marc Hadyk, LL.M.
Rechtsanwalt
Vertretung und Beratung von Arbeitnehmern und Betriebsräten im individuellen und kollektiven Arbeitsrecht. Regelmäßige Schulungen für Betriebsräte im Arbeits- und Betriebsverfassungsrecht.
ra.hadyk@rechtsanwaltskanzlei-hadyk.hamburg

Inhaltsübersicht

Der Inhalt der 3. Auflage entspricht dem Inhalt der Online-Edition 31/2023

www.betriebsrat-plus.beck.de
www.vahlen.de

ISBN 978 3 8006 7175 5

Wilhelmstraße 9, 80801 München
Druck und Bindung: Himmer GmbH
Steinerne Furt 95, 86167 Augsburg

Redaktion: Claudia Schöberl, M. A., Verlag Franz Vahlen GmbH, München

Satz: Druckerei C.H.Beck, Nördlingen

Umschlaggestaltung: Martina Busch, Grafikdesign, Homburg Saar

CO_2 neutral
vahlen.de/nachhaltig

Gedruckt auf säurefreiem, alterungsbeständigem Papier
(hergestellt aus chlorfrei gebleichtem Zellstoff)

I. Rechtsfähigkeit des Betriebsrats

Insbesondere nach der vielbeachteten Entscheidung des Bundesgerichtshofs (BGH) vom 25.10.2012, in deren Folge ein Betriebsrat bzw. dessen Vorsitzender zur Zahlung eines Beratungshonorars iHv 86.762,90 EUR verurteilt worden ist (→ *Frage 52: Haftet der Betriebsratsvorsitzende vorrangig?*), ist die Verunsicherung bei Betriebsräten und dessen Mitgliedern erheblich gewachsen. Viele Betriebsräte wissen nicht mehr, ob und unter welchen Voraussetzungen Kosten auf sie zukommen können. In diesem Kapitel werden daher grundlegende Fragen in Bezug auf die **Rechtsfähigkeit des Betriebsrats als Kollektivorgan** angesprochen. Die Fragen sollen klären, ob ein Betriebsrat gerichtlich Rechte geltend machen und ob er verklagt werden kann. Dieses Kapitel soll des Weiteren über den Umfang der Rechtsfähigkeit gegenüber Dritten informieren sowie darüber, ob und inwieweit der Betriebsrat „rechtlich bindend" handeln kann.

1. Ist der Betriebsrat rechtsfähig?

Oft stößt man auf den Satz, dass ein Betriebsratsgremium nicht rechtsfähig sei. Das ist richtig! Der Betriebsrat verfügt nur über eine sog. **Teilrechtsfähigkeit.** Teilrechtsfähigkeit bedeutet, dass der Betriebsrat nur im Wirkungskreis des Betriebsverfassungsgesetzes (BetrVG) Rechtsgeschäfte abschließen kann. Der Bundesgerichtshof (BGH) sprach dem Betriebsrat zuletzt diese begrenzte Rechtsfähigkeit zu (BGH 25.10.2012 – III ZR 266/11). Der Betriebsrat kann sich im Rahmen eines solchen Vertrags auch zur Zahlung eines Entgelts verpflichten (BGH 25.10.2012 – III ZR 266/11). In dem zu entscheidenden Fall hatte der Betriebsrat beschlossen, umfangreiche betriebswirtschaftliche Beratungsleistungen im Rahmen einer Betriebsänderung iSd §§ 111 f. BetrVG in Anspruch zu nehmen. Nachdem sich der Arbeitgeber weigerte, das entstandene Beratungshonorar iHv 86.762,90 EUR zu bezahlen, nahm die ausführende Beratungsgesellschaft den Betriebsrat bzw. dessen Vorsitzenden persönlich in Anspruch. Die ersten beiden Instanzen wiesen die Klage ab, der Bundesgerichtshof (BGH) gab der Klage statt.

2. Was bedeutet teilrechtsfähig?

Die Teilrechtsfähigkeit bedeutet, dass der Betriebsrat nicht unbegrenzt zu Lasten des Arbeitgebers Rechtsgeschäfte abschließen kann. Die Teilrechtsfähigkeit des Betriebsrats ist auf den ihm vom Betriebsverfassungsgesetz übertragenen Aufgabenkreis beschränkt. Außerhalb dieses gesetzlichen Wirkungskreises kann daher der Betriebsrat **keine Rechtsgeschäfte** tätigen. Schließt ein Betriebsratsgremium innerhalb seines betriebsverfassungsrechtlichen Aufgabenkreises ein Rechtsgeschäft ab, muss der Arbeitgeber alle nötigen und erforderlichen Kosten der Betriebsratsarbeit gem. § 40 BetrVG tragen. Darüber hinaus kann das Betriebsratsgremium keine wirksamen Rechtsgeschäfte schließen (BAG 29.9.2004 – 1 ABR 30/03).

3. Kann der Betriebsrat selbst wirksam Verträge abschließen?

Ja. Der Betriebsrat kann aufgrund der Teilrechtsfähigkeit im Rahmen des ihm nach dem Betriebsverfassungsgesetz übertragenen Aufgabenkreises Verträge mit Dritten **wirksam** abschließen. Ein vom Betriebsrat abgeschlossener Vertrag ist aber nur insoweit wirksam, als er dem betriebsverfassungsrechtlichen Aufgabenkreis des Betriebsrats unterfällt. Dieser betrifft seine Rechte und Pflichten im Rahmen der ordnungsgemäßen Mandatserfüllung, insbesondere im sozialen, personellen und wirtschaftlichen Bereich. Schließt ein Betriebsrat außerhalb des betriebsverfassungsrechtlichen Wirkungskreises einen Vertrag, ist dieser unwirksam. Außerhalb dieses betriebsverfassungsrechtlichen Wirkungskreises kann der Betriebsrat daher keine Verträge abschließen (BGH 25.10.2012 – III ZR 266/11).

4. Was geschieht, wenn der Betriebsrat Verträge abschließt, die nicht unter seinen Wirkungskreis fallen oder nicht erforderlich sind?

Überschreitet der Betriebsrat den Wirkungskreis seiner betriebsverfassungsrechtlichen Aufgaben oder verursacht er nicht erforderliche oder unverhältnismäßige Kosten, so muss der Arbeitgeber die entstehenden Kosten nicht bzw. nicht in Gänze tragen. Dies hat zur Folge, dass die handelnden Betriebsratsmitglieder gegebenenfalls selbst in Haftung genommen werden können. Sind die nicht erstattungspflichtigen Kosten einem einzelnen Betriebsratsmitglied zuzurechnen, hat dieses die Kosten grundsätzlich allein zu tragen (BGH 25.10.2012 – III ZR 266/11). Dies betrifft insbesondere die Fälle, in denen ein Betriebsratsmitglied **ohne entsprechenden Beschluss** des Gremiums selbst Beauftragungen durchführt, zB von externen Beratern.

Praxistipp

Um eine persönliche Haftung zu vermeiden, sollte der Betriebsrat kostenauslösende Maßnahmen durch ordnungsgemäße Beschlussfassung „absichern". Darüber hinaus sollte ***vor*** *der Entstehung der Kosten eine einvernehmliche Regelung mit dem Arbeitgeber über die Übernahme der Kosten gem. § 80 Abs. 3 BetrVG getroffen werden. Eine Genehmigung des Arbeitgebers ist demgegenüber nicht erforderlich.*

→ *Muster 2: Checkliste für einen rechtmäßigen Beschluss*

5. Kann der Betriebsrat vor Gericht klagen?

Ja, wenn Arbeitgeber und Betriebsrat keine innerbetriebliche Einigung über betriebsverfassungsrechtliche Angelegenheiten erzielen können, kann der Konflikt im Gerichtssaal enden. Dies gilt auch, wenn wichtige Beteiligungsrechte des Betriebsrats nicht oder nicht ausreichend berücksichtigt werden. Bei kollektivrechtlichen Streitigkeiten zwischen Arbeitgeber und Betriebsrat entscheidet das Gericht im sog. **Beschlussverfahren** (§ 2a ArbGG). Seinen Namen verdankt das Beschlussverfahren dem Umstand, dass eine verfahrensbeendende Sachentscheidung des Gerichts durch einen *Beschluss* ergeht, während das **Urteilsverfahren** in der Regel durch ein *Urteil* beendet wird. Ein Beschlussverfahren kann einen Verstoß gegen die Rechte und Pflichten aus dem Betriebsverfassungsgesetz, zB die Verletzung der Mitbestimmungsrechte des Betriebsrats, unterbliebene Unterrichtung etc, zum Gegenstand haben. Zur Einhaltung betriebsverfassungsrechtlicher Grundsätze kann der Betriebsrat Klage beim zuständigen Arbeitsgericht erheben, wenn der Arbeitgeber seine Pflichten nicht oder nicht ordnungsgemäß gemäß den gesetzlichen Vorgaben erfüllt. Dies kann einerseits die Nichtbeachtung oder Verletzung gesetzlicher Mitbestimmungsrechte sein, wenn der Arbeitgeber beispielsweise den Betriebsrat trotz entsprechender gesetzlicher Verpflichtung nicht oder nicht ausreichend unterrichtet. Dies kann andererseits auch in der gezielten Behinderung des Betriebsrats und seiner Mitglieder liegen, zB bei Hinderung eines Mitglieds an der Teilnahme an Betriebsratssitzungen, Bekanntmachung der Kosten der Betriebsratstätigkeit und dergleichen. Solche und ähnliche Verstöße gegen das Betriebsverfassungsgesetz können durch Einleitung eines arbeitsgerichtlichen Beschlussverfahrens unterbunden werden. Gleichermaßen können der Betriebsrat oder seine Mitglieder auch gerichtlich gegen Kollegen vorgehen, die die Tätigkeit des Gremiums behindern oder stören, zB durch beleidigende Äußerungen in der Öffentlichkeit. Auch besteht bei besonders schweren Verstößen gem. § 119 BetrVG die Möglichkeit der Einleitung eines Strafverfahrens.

6. Muss der Arbeitgeber die Kosten des Gerichtsverfahrens tragen?

Ja, der Gesetzgeber verpflichtet den Arbeitgeber, die durch die Tätigkeit des Betriebsrats entstehenden erforderlichen Kosten zu tragen (§ 40 Abs. 1 BetrVG). Hierunter fallen auch die Rechtsverfolgungskosten sowie die Sachverständigen-, Rechtsanwalts- und Beraterkosten. Auch Rechtsstreitigkeiten des Betriebsrats bzw. eines Betriebsratsmitglieds mit betriebsfremden Dritten können die

Kostentragungspflicht des Arbeitgebers auslösen, wenn sich die Rechtsstreitigkeit aus der Betriebsratstätigkeit ergibt oder sich auf sie bezieht (LAG Hmb 13.3.1984 – 1 TaBV 7/83 hinsichtlich einer presserechtlichen Gegendarstellung zu einer falschen Berichterstattung über eine Betriebsversammlung; Fitting BetrVG § 40 Rn. 21–34).

Ausnahme: Die Einleitung eines gerichtlichen Verfahrens durch den Betriebsrat ist mutwillig oder hat von vornherein keine hinreichende Aussicht auf Erfolg (BAG 29.7.2009 – 7 ABR 95/07).

7. Trägt der Arbeitgeber die Kosten des Gerichtsverfahrens, wenn der Betriebsrat verliert?

Ja, auch in diesem Fall muss der Arbeitgeber die Kosten des Rechtstreits tragen. Hierunter fallen auch die Kosten des beauftragten Sachverständigen (zB Rechtsanwältin/Rechtsanwalt), soweit sie verhältnismäßig sind. Grundsätzlich ist der Arbeitgeber verpflichtet, die gesetzlichen Rechtsanwaltsgebühren nach dem Rechtsanwaltsvergütungsgesetz (RVG) zu übernehmen. Andere Abrechnungsmethoden, insbesondere die Vergütung nach Zeitaufwand, muss der Arbeitgeber nur übernehmen, sofern dies ausdrücklich und schriftlich vereinbart worden ist (vgl. Althoff NZA 2014, 74).

Praxistipp

Der Betriebsrat sollte gemeinsam mit seinem Berater/seiner Beraterin bereits vor Aufnahme der Tätigkeit eine schriftliche Vergütungsvereinbarung mit dem Arbeitgeber herbeiführen, um spätere (gerichtliche) Auseinandersetzungen über die Honorarfrage zu vermeiden.

8. Trägt der Arbeitgeber die Kosten des Einigungsstellenverfahrens, wenn der Betriebsrat verliert?

Die **Einigungsstelle** ist ein betriebsverfassungsrechtliches Schlichtungsorgan, das dazu dient, Meinungsverschiedenheiten zwischen Arbeitgeber und Betriebsrat zu schlichten. Ruft der Betriebsrat die Einigungsstelle an, so hat der Arbeitgeber gem. § 76a BetrVG die entstehenden Kosten zu tragen. Dies gilt unabhängig von dem Ausgang des Einigungsstellenverfahrens. Sinn und Zweck der Einigungsstelle ist es, eine Beilegung der inhaltlichen Meinungsverschiedenheiten zwischen Betriebsrat und Arbeitgeber zu erzielen. Es geht deshalb nicht um „gewinnen oder verlieren“, sondern vielmehr um die Erarbeitung zielgerichteter Kompromisslösungen.

9. Kann der Betriebsrat vom Arbeitgeber verklagt werden?

Ja. Ausgangspunkt der Streitigkeiten zwischen Arbeitgeber und Betriebsrat sind regelmäßig unterschiedliche Auffassungen in Bezug auf die dem Betriebsrat durch das Betriebsverfassungsgesetz eingeräumten Rechte und Pflichten. Bei diesen Meinungsverschiedenheiten ist es für den Arbeitgeber und den Betriebsrat aufgrund ihrer unterschiedlichen Positionen und Interessenlage oftmals schwierig, die Rechtslage neutral aufzuklären. Der Arbeitgeber hat – ebenso wie der Betriebsrat (→ *Frage 5: Kann der Betriebsrat vor Gericht klagen?*) – das Recht und die Möglichkeit, die Rechtslage vor dem zuständigen Arbeitsgericht klären zu lassen. Somit kann ein Betriebsratsgremium verklagt werden.

Auch kann grundsätzlich ein **Dritter** (zB ein externer Berater, der vom Betriebsrat beauftragt worden ist) den Betriebsrat als Gremium verklagen. Der Betriebsrat ist nämlich auch im Verhältnis gegenüber Dritten sowohl vermögens- als auch teilrechtsfähig, soweit er innerhalb seines gesetzlichen Wirkungskreises tätig ist (→ *Frage 3: Kann der Betriebsrat selbst wirksam Verträge abschließen?*).

10. Was sind die Grenzen der Rechtsfähigkeit?

Die Rechtsfähigkeit des Betriebsrats besteht aufgrund der sog. Teilrechtsfähigkeit (→ *Frage 1: Ist der Betriebsrat rechtsfähig?*) eben nur für den Aufgabenbereich des Betriebsverfassungsgesetzes.

Sie wird jedoch zudem begrenzt durch die vorhandene **Vermögensfähigkeit** des Betriebsrats (→ *Frage 13: Ist der Betriebsrat vermögensfähig?*). Nach Auffassung des Bundesgerichtshofs dürfen die Grenzen des Betriebsrats bei der Beurteilung der Betriebsratsaufgabe nicht zu eng gezogen werden; dem Betriebsrat soll ein Ermessensspielraum bei der Frage zustehen, welche Tätigkeiten er zur Erfüllung seiner gesetzlichen Aufgaben für erforderlich halten dürfte. Überschreitet der Betriebsrat allerdings diese Grenzen, so haftet der Betriebsratsvorsitzende (oder das einzelne Mitglied, welches seine betriebsverfassungsrechtlichen Aufgaben überschritten hat) gegebenenfalls bei Vorliegen der übrigen Voraussetzungen als **Vertreter ohne Vertretungsmacht gem. § 179 BGB** (BGH 25.10.2012 – III ZR 266/11). In diesem Fall kann ein beauftragter Dritter den Betriebsrat als Gremium unmittelbar auf Zahlung erbrachter Dienstleistungen in Anspruch nehmen und verklagen, da der Betriebsrat gegenüber Dritten in seinem Wirkungskreis sowohl vermögens- als auch rechtsfähig ist.

11. Haftet der Arbeitgeber für Handlungen des Betriebsrats?

Ja! Die Grundlage ist auch hier der **betriebsverfassungsrechtliche Wirkungskreis** des Betriebsrats. Das Betriebsverfassungsgesetz verpflichtet den Arbeitgeber zur Übernahme der Kosten, die durch die Tätigkeit des Betriebsrats und seiner Mitglieder gem. § 40 Abs. 1 BetrVG entstehen. Diese Vorschrift beinhaltet einen unmittelbaren **Erfüllungsanspruch** des Betriebsrats gegenüber dem Arbeitgeber (BAG 17.5.1983 – 1 ABR 21/80). Dieser Erfüllungsanspruch ist auch gem. § 85 ArbGG vollstreckbar und durchsetzbar. Der Arbeitgeber hat den Betriebsrat von den Verbindlichkeiten aus dessen Tun freizustellen. Dies können ua Kosten für erforderliche Sachmittel, Literatur, Computer und Kommunikationsmittel, Kosten für Rechtsberatung und dergleichen sein. Tritt der Betriebsrat den Freistellungsanspruch gegen den Arbeitgeber an den Gläubiger ab, verwandelt sich dieser in einen Zahlungsanspruch gegen den Arbeitgeber (BAG 29.7.2009 – 7 ABR 95/07). Der Inhaber der Forderung kann in diesem Fall selbst, dh aus abgetretenem Recht, seine Forderung gegen den Arbeitgeber durchsetzen.

Praxistipp

Um späteren Streitigkeiten mit dem Arbeitgeber zu entgehen, empfiehlt es sich, den Freistellungsanspruch gegen den Arbeitgeber durch Betriebsratsbeschluss an den beauftragten Dritten (zB juristischen Sachverständigen) abzutreten. Dieser kann dann aus eigenem Recht seine Kosten bei dem Arbeitgeber geltend machen, so dass sich der Betriebsrat nicht mit dem Arbeitgeber auseinandersetzen muss.

12. Kann der Betriebsrat selbst Berater beauftragen?

Arbeitgeber und Betriebsrat sind oftmals unterschiedlicher Meinung in Bezug auf die dem Betriebsrat durch das Betriebsverfassungsgesetz eingeräumten Rechte und Pflichten. Der Arbeitgeber verfügt über den Vorteil, dass er zu jedem Zeitpunkt frei darüber entscheiden kann, ob er Berater, zB zur Klärung von Rechtsfragen, beauftragt. Der Betriebsrat verfügt demgegenüber über keine eigenen finanziellen Mittel, aus denen er einen Sachverständigen bezahlen könnte; er ist vermögenslos. Diese **„Waffenungleichheit"** hat der Gesetzgeber erkannt und dem Betriebsrat eine eigene Entscheidungskompetenz zugebilligt. Das Betriebsverfassungsgesetz enthält hierzu einige Regelungen, die dem Betriebsrat erlauben, externen Sachverstand zu beauftragen. Gleichzeitig hat der Arbeitgeber die hieraus resultierenden Kosten zu übernehmen. Die wichtigsten Regelungen sind § 40 Abs. 1 sowie § 80 Abs. 3 BetrVG. Nach § 40 BetrVG hat der Arbeitgeber die durch die Tätigkeit des Betriebsrats entstehenden **Kosten** zu tragen. Zu diesen Kosten gehören auch Kosten gem. § 80 Abs. 3 BetrVG, die durch die Beratung oder Vertretung des Betriebsrats entstehen. Die Grenze des Ermessensspielraums, der dem Betriebsrat bei der im Vorhinein zu beurteilenden Erforderlichkeit des Anspruchs zusteht, ist im Interesse der Funktions- und Handlungsfähigkeit des Betriebsrats nicht zu eng zu ziehen (BGH 25.10.2012 – III ZR 266/11).

II. Vermögensfähigkeit des Betriebsrats

In diesem Themenkomplex werden einige grundlegende Fragen zu der Thematik der finanziellen Situation des Betriebsrats behandelt. Zwischen Betriebsrat und Arbeitgeber begründet sich in diesem Zusammenhang ein besonderes Spannungsfeld. Denn hat der Arbeitgeber die Kosten des Betriebsrats zu tragen, wird die vom Gesetzgeber gewünschte vertrauensvolle Zusammenarbeit regelmäßig (mehr als nur) strapaziert.

13. Ist der Betriebsrat vermögensfähig?

Nein. **Vermögensfähig** ist, wer wirtschaftliche Werte, zB bewegliche Sachen, Eigentum an Grundstücken etc, erwerben, besitzen, veräußern oder betreffende Ansprüche durchsetzen kann. All das kann ein Betriebsratsgremium nicht. Kurz gesagt: Der Betriebsrat ist **nicht vermögensfähig** (BAG 24.4.1986 – 6 AZR 607/83). Daher hat der Betriebsrat kein eigenes Vermögen und insbesondere keine finanziellen und wirtschaftlichen Mittel, mit denen er seine Betriebsratsarbeit finanzieren kann. Auch müssen die Mitglieder die Betriebsratsarbeit nicht aus eigenen Mitteln finanzieren, da das Betriebsratsamt gem. § 37 Abs. 1 BetrVG ein Ehrenamt ist. Dies bedeutet, dass die Mitglieder des Betriebsrats grundsätzlich nicht mit ihrem privaten Vermögen haften.

14. Wie kann der Betriebsrat „ohne Geld" arbeiten?

Betriebsratsarbeit kostet Geld! Das Betriebsratsgremium verfügt aber über keine finanziellen Mittel, mit denen es seine betriebsverfassungsrechtlichen Aufgaben finanzieren kann. Auch muss der Betriebsrat die Betriebsratsarbeit nicht aus der eigenen Tasche bezahlen. Wenn der Betriebsrat Anschaffungen zu tätigen hat (zB Literatur, Computer, Telefaxgerät) oder sonstige kostenauslösende Maßnahmen beschließt, trägt der Arbeitgeber gem. § 40 BetrVG die daraus resultierenden erforderlichen Kosten (→ *Frage 15: Welche Kosten muss der Arbeitgeber tragen?*).

15. Welche Kosten muss der Arbeitgeber tragen?

Der Gesetzgeber hat festgelegt, dass die durch die Tätigkeit des Betriebsrats entstehenden Kosten der **Arbeitgeber** trägt (s. § 40 Abs. 1 BetrVG). So einfach und verständlich dieser Satz im Betriebsverfassungsgesetz auch formuliert ist, so häufig gab und gibt es in der Praxis Auseinandersetzungen zwischen Arbeitgeber und Betriebsrat, welche Kosten der Arbeitgeber denn im Einzelnen zu tragen hat. Die Rechtsprechung hat mittlerweile viele dieser Rechtsstreitigkeiten geklärt.

Beispiele für Kosten, die der Arbeitgeber gem. § 40 BetrVG zu übernehmen hat (vgl. hierzu auch → *Neu im Vorsitz des Betriebsrats – Was tun? / Frage 62: Kann der Betriebsratsvorsitzende einen Rechtsanwalt vor dem Gremiumsbeschluss für den Arbeitgeber kostenpflichtig beauftragen?*; → *Neu im Vorsitz des Betriebsrats – Was tun? / Frage 75: Muss der Arbeitgeber die Kosten für Fachliteratur bezahlen?*; → *Neu im Betriebsrat – Was tun? / Frage 40: Was sind Beispiele für eine Behinderung der Betriebsratsarbeit?*) (Fitting BetrVG § 40 Rn. 12–20):

- Kosten für Rechtsstreitigkeiten zwischen Arbeitgeber und Betriebsrat
- Kosten der Rechtsberatung (auch von einzelnen BR-Mitgliedern)
- Kosten der laufenden Geschäftsführung
- Reise- und Übernachtungskosten der BR-Mitglieder
- Schulungskosten, sofern die Schulungsmaßnahme erforderlich ist iSd § 37 Abs. 6 BetrVG
- Sachmittel (PC, Telefon)

16. Was sind erforderliche Kosten des Betriebsrats?

Der Arbeitgeber hat grundsätzlich die Kosten der Betriebsratstätigkeit zu tragen. Allerdings ist er nur zur Übernahme solcher Kosten für die Durchführung der Betriebsratsarbeit verpflichtet, die im Interesse des Betriebs und seiner Belegschaft **erforderlich** waren (BAG 19.4.1989 – 7 ABR 87/87). Der Arbeitgeber hat bereits dann schon die Kosten zu tragen, wenn der Betriebsrat die Kosten im Zeitpunkt ihrer Entstehung bei gewissenhafter Abwägung aller Umstände für erforderlich halten durfte, um seine Aufgaben nach dem Betriebsverfassungsrecht fach- und sachgerecht erfüllen zu können. Bei der Prüfung der Erforderlichkeit hat der Betriebsrat einen eigenen **Beurteilungsspielraum** (BAG 16.10.1986 – 6 ABR 14/84). Der Bundesgerichtshof stellte ferner fest, dass die Grenzen des Betriebsrats bei der Beurteilung der Erforderlichkeit im Interesse seiner Funktions- und Handlungsfähigkeit nicht zu eng gezogen werden dürfen (BGH 25.10.2012 – III ZR 266/11). Zudem muss der Betriebsrat hinsichtlich entstehender Kosten den **Grundsatz der Verhältnismäßigkeit** beachten. Dadurch sollen unverhältnismäßige Kostenbelastungen des Arbeitgebers ausgeschlossen werden. Das Kriterium der Verhältnismäßigkeit darf jedoch nicht dazu führen, dass der Betriebsrat seine ihm nach dem Betriebsverfassungsrecht zustehenden Rechte und Pflichten nicht außergerichtlich oder gerichtlich durchsetzen kann.

Die **Kostenübernahmepflicht** des Arbeitgebers ist an **zwei Voraussetzungen** gebunden:

- Erforderlichkeit der Kosten für die Durchführung der Betriebsratstätigkeit
- Verhältnismäßigkeit der Kosten

Liegen diese beiden Voraussetzungen vor, muss der Betriebsrat nicht die Zustimmung des Arbeitgebers einholen, bevor die Kosten entstehen. Eine Genehmigung durch den Arbeitgeber ist nicht erforderlich, sondern lediglich eine ordnungsgemäße Beschlussfassung.

Praxistipp

Die Frage, ob kostenauslösende Maßnahmen zur Durchführung seiner gesetzlichen Aufgaben erforderlich sind oder nicht, ist für viele Betriebsräte oftmals schwierig zu beantworten. Als „Faustregel" sollte sich der Betriebsrat die Frage stellen, ob er die Maßnahme (zB Beauftragung von Rechtsanwälten) auch dann durchgeführt hätte, wenn er sie „aus eigener Tasche" bezahlen müsste.

17. Was kann der Betriebsrat tun, wenn er sich nicht sicher ist, ob die Kosten erforderlich sind?

Der Betriebsrat sollte in Fällen, in denen eine Kostenübernahmepflicht des Arbeitgebers zweifelhaft ist, versuchen, vor Entstehung der Kosten ein Einvernehmen mit dem Arbeitgeber über die Übernahme der Kosten herzustellen. Andernfalls könnte es sein, dass der Arbeitgeber die Kostenübernahme verweigert. Ein solches Einvernehmen muss aber nicht bei alltäglichen Kosten (laufende Geschäftsführung und dergleichen) erzielt werden.

Praxistipp

Kommt eine Einigung zwischen Betriebsrat und Arbeitgeber nicht in Betracht, sollte der Betriebsrat durch ordnungsgemäße Beschlussfassung einen Sachverständigen gem. § 80 Abs. 3 BetrVG mit der Klärung eben dieser Rechtsfrage beauftragen.

→ *Muster 2: Checkliste für einen rechtmäßigen Beschluss*

18. Hat der Betriebsrat einen Anspruch auf Kostenübernahme?

Vermögensrechtliche Ansprüche des Betriebsrats gegen den Arbeitgeber entstehen, soweit

- die vereinbarte Leistung zur Erfüllung der Aufgaben des Betriebsrats erforderlich ist (§ 40 Abs. 1 BetrVG),
- die Kosten marktüblich bzw. verhältnismäßig sind und
- der vereinbarten Leistung ein ordnungsgemäß gefasster Beschluss des Betriebsrats gem. § 33 BetrVG zu Grunde liegt.

Liegen diese drei Voraussetzungen vor, so muss der Arbeitgeber die Kostenlast in vollem Umfang übernehmen. Der Betriebsrat hat in diesem Fall einen gesetzlichen **Freistellungsanspruch** gegen den Arbeitgeber, gerichtet auf Freistellung von der Kostentragungspflicht. Dieser Anspruch ist auch im Wege eines arbeitsgerichtlichen Beschlussverfahrens gerichtlich durchsetzbar (→ *Frage 5: Kann der Betriebsrat vor Gericht klagen?*).

19. Was ist zu tun, wenn die Kostenübernahme verweigert wird?

Bestreitet der Arbeitgeber die Erforderlichkeit der Kosten der Betriebsratstätigkeit – zum Beispiel bei der Hinzuziehung eines Sachverständigen iSd § 80 Abs. 3 BetrVG –, so kann sowohl der Betriebsrat als auch der Arbeitgeber ein arbeitsgerichtliches **Beschlussverfahren** (→ *Frage 5: Kann der Betriebsrat vor Gericht klagen?*) einleiten. Im Rahmen dieses Verfahrens entscheidet das Arbeitsgericht, ob der Betriebsrat die Kosten unter Abwägung aller Umstände aus seiner Sicht für erforderlich halten durfte oder nicht. Die Kosten dieses Gerichtsverfahrens trägt der Arbeitgeber zusätzlich, sofern die Rechtsverfolgung nicht willkürlich ist oder erkennbar keine hinreichende Aussicht auf Erfolg hat. Auch der Anspruch des **einzelnen Betriebsratsmitglieds** gegen den Arbeitgeber auf Kostentragung ist im Beschlussverfahren geltend zu machen, wenn der Anspruch im Betriebsratsamt wurzelt.

III. Haftung des Betriebsrats als Kollektivorgan

Dieser Themenabschnitt ist nicht nur für neu gewählte, sondern auch für langjährige, erfahrene Betriebsratsmitglieder relevant: Es geht um die Frage einer etwaigen Haftung des Gremiums. Umfang und Grenzen der Haftung des Betriebsrats sind auch erfahrenen Betriebsräten oftmals unbekannt. Haftet der Betriebsrat für seine Handlungen oder für die Handlungen seiner Mitglieder? Ist er im Falle eines Fehlverhaltens Ansprüchen Dritter ausgesetzt? Dieses Kapitel beschäftigt sich mit der Reichweite des Handelns des Betriebsrats sowie mit den rechtlichen Grenzen und den daraus resultierenden Folgen. Es soll einen Beitrag zur Sicherheit des Betriebsrats leisten, wenn dieser rechtlich handelt.

20. Haftet der Betriebsrat als Gremium?

Die Haftung aus rechtsgeschäftlichen Verbindlichkeiten ist entsprechend den Ausführungen zur Vermögensfähigkeit des Betriebsrats (→ *Frage 13: Ist der Betriebsrat vermögensfähig?*) auf dieses Vermögen, also regelmäßig auf den sich aus § 40 BetrVG ergebenen Freistellungsanspruch beschränkt. Wie bereits oben (→ *Frage 16: Was sind erforderliche Kosten des Betriebsrats?*) beschrieben, hat der Betriebsrat jedoch nur dann einen Freistellungs- und Zahlungsanspruch gegen den Arbeitgeber, wenn folgende Voraussetzungen erfüllt sind:

- die vereinbarte Leistung ist zur Erfüllung von Betriebsratsaufgaben **erforderlich** (§ 40 Abs. 1 BetrVG),
- die vereinbarte Vergütung ist **marktüblich** und
- der vereinbarten Leistung liegt ein ordnungsgemäß gefasster **Beschluss** des Betriebsrats gem. § 33 BetrVG zu Grunde.

Hat der Betriebsrat eine dieser Voraussetzungen nicht erfüllt, so ist der mit dem Beauftragten geschlossene Vertrag **unwirksam.** Dies hat zur Folge, dass zwar nicht der Betriebsrat als kollektives Organ haftet; jedoch können die den Betriebsrat vertretenden Betriebsratsmitglieder gegebenenfalls einzeln in Haftung genommen werden (Fitting BetrVG § 1 Rn. 211). Der Haftungsanspruch geht daher auf das Betriebsratsmitglied über, das den Betriebsrat beim Abschluss der Vereinbarung mit dem Dritten rechtsgeschäftlich vertreten hat (§ 179 Abs. 1 BGB). Dies ist regelmäßig die/der Betriebsratsvorsitzende.

Praxistipp

Als Vertreter ohne Vertretungsmacht gem. § 179 Abs. 1 BGB wird bezeichnet, wer einen Vertrag erkennbar im Namen eines anderen unterzeichnet, ohne von diesem bevollmächtigt oder auf eine andere Art zur Vertretung berechtigt zu sein. Die Gültigkeit des Vertrags hängt von der Genehmigung des Vertretenen ab. Genehmigt der Vertretene nicht, so kann der andere Vertragsteil von dem Vertreter ohne Vertretungsmacht Erfüllung oder Schadensersatz verlangen.

21. Gibt es vertragliche Schadensersatzansprüche?

Vertragliche Schadensersatzansprüche kommen in Betracht, wenn der Betriebsrat als Gremium einen Vertrag abgeschlossen hat (→ *Frage 3: Kann der Betriebsrat selbst wirksam Verträge abschließen?*) und diesen Vertrag nicht bzw. nicht ordnungsgemäß erfüllt. Da der Betriebsrat als kollektives Gremium nur in einem sehr eingeschränkten Maße rechts- und vermögensfähig ist, kann er grundsätzlich für vertragliche Schadensersatzansprüche, die dem Vertragspartner entstanden sind, nicht in Anspruch genommen werden. Jedoch hat das Betriebsratsmitglied, das den Betriebsrat beim Abschluss eines Vertrages rechtsgeschäftlich vertreten hat, für den Betrag, der zB den gesetzlichen Rahmen einer Vergütungsvereinbarung überschreitet, einzustehen. Das wird in der Regel die/der **Betriebsratsvorsitzende** sein. Das vertragschließende Betriebsratsmitglied haftet, weil es seine Vertretungsmacht insoweit überschreitet, wie die getroffene Vereinbarung nicht durch den Kostenerstattungs- und Freistellungsanspruch gegen den Arbeitgeber gedeckt ist (BGH 25.10.2012 – III ZR 266/11).

22. Kann der Betriebsrat seine Haftung ausschließen?

Ja! Der Betriebsrat bzw. seine Mitglieder können sich vor Haftungsansprüchen **schützen**, indem sie durch eine vertragliche Vereinbarung mit dem Berater die Haftung nach Maßgabe des § 179 BGB einschränken oder sogar ausschließen (Dzida NJW 2013, 433 ff.). Die Haftung des handelnden Betriebsratsmitglieds ist dann ausgeschlossen, wenn dem Berater bekannt oder in Folge von Fahrlässigkeit unbekannt war, dass der Vertragsschluss eine außerhalb des gesetzlichen Wirkungskreises des Betriebsrats liegende Rechtsfrage betraf oder die durch den Vertrag vereinbarte Vergütung nicht nach § 40 Abs. 1 BetrVG erstattungsfähig ist, weil die vereinbarte Vergütung nicht den marktüblichen Sätzen entspricht oder die vereinbarten Leistungen über das erforderliche Maß hinausgehen (BGH 25.10.2012 – III ZR 266/11) (→ *Frage 53: Wie begrenzt der Betriebsrat das Haftungsrisiko?*).

Praxistipp

Es empfiehlt sich daher, mit dem beauftragten Berater einen Haftungsausschluss zu vereinbaren, um später, dh im Falle der Weigerung des Arbeitgebers, die entstanden Kosten zu übernehmen, nicht selbst in Anspruch genommen zu werden.

23. Kann der Betriebsrat als Kollektivorgan schuldhaft handeln?

Betriebsräte sind auch nur Menschen und Menschen machen Fehler. Doch was passiert, wenn ihnen diese Fehler als Betriebsrat unterlaufen? Zwar ist es möglich, dass der Betriebsrat durch sein Fehlverhalten den Tatbestand einer **unerlaubten Handlung** erfüllt (Fitting BetrVG § 1 Rn. 210), so dass nach den zivilrechtlichen Grundsätzen Schadensersatzansprüche denkbar wären. Mangels Rechtsfähigkeit ist der Betriebsrat jedoch **nicht deliktsfähig,** dh, eine Haftung des Gremiums aus unerlaubter Handlung (zB Sachbeschädigung) löst aufgrund der Teilrechtsfähigkeit keine Schadensersatzansprüche des Betriebsrats aus. Im Übrigen kommt eine Haftung für Schadensersatzansprüche wegen der weitgehenden Vermögenslosigkeit des Betriebsrats auch praktisch nicht in Betracht (Fitting BetrVG § 1 Rn. 210). Seine Teilrechtsfähigkeit bezieht sich auf die ihm durch das Betriebsverfassungsgesetz eingeräumten Rechtspositionen. Daher kann der Betriebsrat nicht schuldhaft, dh vorsätzlich oder fahrlässig, als kollektives Organ handeln, sondern allenfalls die einzelnen Betriebsratsmitglieder. Der Betriebsrat haftet als Organ jedoch nicht für die Handlungen seiner Mitglieder. Mangels eigenen Vermögens könnten Dritte auch keine Zahlungsansprüche gegen den Betriebsrat durchsetzen.

24. Haftet der Betriebsrat für fehlerhafte Beschlüsse?

Die Willensbildung des Betriebsrats erfolgt in den Betriebsratssitzungen durch die **Beschlussfassung.** Voraussetzung für einen wirksamen Beschluss ist die Beschlussfähigkeit (dh, mindestens die Hälfte der gesetzlichen vorgeschriebenen Anzahl der BR-Mitglieder nehmen an der Beschlussfassung teil), die ordnungsgemäße Ladung, die Tagesordnung und die Durchführung der Betriebsratssitzung gem. § 30 BetrVG. Dies bedeutet, dass Beschlüsse, die am Telefon, im Umlaufverfahren (BAG 16.1.2003 – 2 AZR 707/01) oder per Videokonferenz (Fitting BetrVG § 33 Rn. 9–25) gefasst wurden, unwirksam sind. Bei der Videokonferenz ist idR ein Verstoß gegen das Prinzip der Nichtöffentlichkeit der Betriebsratssitzung (§ 30 S. 4 BetrVG) gegeben.

Als Grundregel gilt, dass erst die wirksame Beschlussfassung die Legitimation für das Handeln des Betriebsrats schafft (BAG 10.10.2007 – 7 ABR 51/06). Jedoch kann die Unwirksamkeit eines Beschlusses durch einen späteren ordnungsgemäßen Beschluss **geheilt** werden (Fitting BetrVG § 33 Rn. 47a). Der ordnungsgemäß gefasste neue Beschluss wirkt jedoch erst für die Zukunft und stellt erst ab dem Zeitpunkt der Beschlussfassung eine Rechtsgrundlage für die Handlungen des Betriebsrats dar. Handelt die/der Betriebsratsvorsitzende oder ein anderes beauftragtes Betriebsratsmitglied gegenüber dem Arbeitgeber zu einer vom Betriebsrat beschlusspflichtigen Angelegenheit, ohne dass überhaupt ein Beschluss vorliegt, handeln diese Personen ohne Vertretungsmacht mit der Folge, dass die Handlung **schwebend unwirksam** ist. Die Wirksamkeit des Handelns hängt von der nachträglichen Zustimmung des Betriebsrats zu der Vereinbarung ab (§ 177 Abs. 1 BGB). Der Betriebsrat kann durch eine nachträgliche Beschlussfassung die Entscheidung genehmigen. Der Betriebsrat haftet daher nicht für unwirksame Beschlüsse.

→ *Muster 2: Checkliste für einen rechtmäßigen Beschluss*

25. Wird das Handeln der Mitglieder dem Gremium zugerechnet?

Nein! Verstoßen die Betriebsratsmitglieder unabhängig voneinander zB gegen die Schweigepflicht gem. § 79 BetrVG, so rechtfertigt dies lediglich Ausschlussanträge der einzelnen Mitglieder (→ *Frage 27: Kann der Betriebsrat aufgelöst werden?*). Ein Antrag auf Auflösung des gesamten Betriebsrats gem. § 23 Abs. 1 BetrVG und somit eine Zurechnung des Handelns kommt nur dann in Betracht, wenn das ganze Gremium die Verstöße unterstützt hat oder sogar den Verstoß gegen die Schweigepflicht gekannt und geduldet hat.

26. Kann der Betriebsrat einer strafrechtlichen Verfolgung ausgesetzt sein?

Nein, der Betriebsrat haftet als Kollektivorgan nicht. Jedoch können im Einzelfall die einzelnen Betriebsratsmitglieder **strafrechtlichen Ansprüchen** ausgesetzt sein. Betriebsratsmitglieder, die im Rahmen ihrer Betriebsratstätigkeit vorsätzlich oder fahrlässig das Leben, den Körper, die Gesundheit, die Freiheit, das Eigentum oder ein sonstiges Recht eines Arbeitnehmers oder Arbeitgebers widerrechtlich verletzen, sind gem. § 823 Abs. 1 BGB nicht nur zum Ersatz des daraus entstehenden Schadens verpflichtet; es besteht zudem die Möglichkeit, dass die Strafverfolgungsbehörden (insbesondere die Staatsanwaltschaft) ein strafrechtliches Ermittlungsverfahren gegen das betroffene Mitglied einleiten. Das Betriebsratsamt bietet in diesem Fall keinen Schutz! Im Gegensatz zu Politikern genießen Betriebsräte zwar einen starken Sonderkündigungsschutz gem. § 15 Kündigungsschutzgesetz (KSchG), nicht jedoch strafrechtliche Immunität. Verstoßen die Betriebsratsmitglieder gegen Schutzgesetze, insbesondere die **Geheimhaltungsvorschriften** der §§ 79, 82 Abs. 3, 83 Abs. 1, 99, 102 BetrVG, und einem Arbeitnehmer oder dem Arbeitgeber entsteht daraus ein finanzieller Schaden, so machen sich die betroffenen Mitglieder, die diese Geheimhaltung verletzt haben, **schadensersatzpflichtig.** Auch sieht § 120 BetrVG einen strafrechtlichen Sondertatbestand für den Fall vor, dass ein Betriebsratsmitglied schuldhaft gegen die dort geregelte Verschwiegenheitspflicht verstoßen hat.

Praxistipp

Die Mitglieder und Ersatzmitglieder des Betriebsrats sind gem. § 79 BetrVG verpflichtet, Betriebs- oder Geschäftsgeheimnisse, die ihnen wegen ihrer Zugehörigkeit zum Betriebsrat bekannt und vom Arbeitgeber ausdrücklich als geheimhaltungsbedürftig bezeichnet worden sind, nicht zu offenbaren und nicht zu verwerten. Diese Geheimhaltungspflicht greift gegenüber Dritten (nicht jedoch gegenüber den Betroffenen!) auch bei den personellen Einzelmaßnahmen (Einstellung, Versetzung, Ein- und Umgruppierung, Kündigung). Aufgrund der Möglichkeit des Arbeitgebers, bei Verstößen gegen die Geheimhaltungspflicht den Betriebsrat durch gerichtliche Entscheidung auflösen zu lassen, sowie der in diesem Fall drohenden Gefahr der Strafverfolgung empfiehlt sich dringend, in den (Ausnahme-)Fällen der gesetzlichen Schweigepflicht diese auch tatsächlich zu wahren.

27. Kann der Betriebsrat aufgelöst werden?

Ja! Gem. § 23 Abs. 1 BetrVG kann der Arbeitgeber, ein Viertel der wahlberechtigten Arbeitnehmer oder eine im Betrieb vertretene Gewerkschaft beim Arbeitsgericht den **Ausschluss** eines oder mehrerer Mitglieder des Betriebsrats oder sogar die **Auflösung** des Betriebsrats wegen **grober Verletzung** seiner gesetzlichen Pflichten beantragen.

→ Muster 1: Antrag auf Ausschluss eines Betriebsratsmitglieds aus dem Betriebsrat

28. Welche Verstöße können zur Auflösung des Betriebsrats führen?

Der Betriebsrat kann im Falle grober Verletzungen gegen die betriebsverfassungsrechtlichen Pflichten durch Beschluss des Arbeitsgerichts gem. § 23 Abs. 1 BetrVG aufgelöst werden. Eine grobe Pflichtverletzung des Betriebsrats liegt vor, wenn sie objektiv erheblich und offensichtlich schwerwiegend ist und die weitere Amtsausübung des Betriebsrats unter Berücksichtigung aller Umstände des Einzelfalls untragbar erscheint (BAG 22.6.1993 – 1 ABR 62/92). Das kann zB der Fall sein, wenn der Betriebsrat

- seine gesetzlichen Befugnisse überschreitet und dies zur Störung von Ordnung und Frieden im Betrieb führt oder
- wenn dauernde oder wiederholte Versäumnisse des Betriebsrats vorliegen, seine Rechte und Pflichten zum Schutz der Arbeitnehmer wahrzunehmen.

Eine zum Ausschluss führende Pflichtverletzung muss **schuldhaft,** dh vorsätzlich oder grob fahrlässig begangen sein (Fitting BetrVG § 23 Rn. 16).

Folgende Beispiele aus der Rechtsprechung sind bislang als grobe Pflichtverletzung, die zur Auflösung des Betriebsrats geführt haben, angesehen worden:

- Erhebliche Verstöße gegen das Gebot vertrauensvoller Zusammenarbeit (ArbG Krefeld 6.2.1995 – 4 BV 34/94);
- Abschluss einer Betriebsvereinbarung unter Verstoß gegen § 77 Abs. 3 BetrVG (BAG 20.8.1991 – 1 ABR 85/90);
- Nichteinberufen von Pflichtversammlungen nach § 43 BetrVG trotz Antrags der Gewerkschaft (ArbG Wetzlar 22.9.1992 – 1 BV 10/92);
- Veröffentlichung von Vergütungsgruppen oder der Vergütungshöhe von Arbeitnehmern am Schwarzen Brett (LAG Berlin 26.6.1986 – 8 Ta BV 2/86);
- Nichtabhalten von Betriebsratssitzungen über einen längeren Zeitraum (ArbG Wetzlar 22.9.1992 – 1 BV 10/92);
- Terminierung von Betriebsversammlungen ohne Rücksicht auf betriebliche Belange;
- Strafanzeige gegen den Geschäftsführer ohne Anhaltspunkte;
- bewusst wahrheitswidrige Darstellung in Infos des Betriebsrats;
- unterlassene Einberufung von Pflichtversammlungen nach § 43 BetrVG, insbes. wenn die Gewerkschaft einen Antrag nach Abs. 4 gestellt hat (LAG Hamm 25.9.1959 – 5 BV Ta 48/59; LAG Frankfurt/Main 12.8.1993 – 12 TaBV 203/92);
- keine Einberufung von Betriebsratsversammlungen über einen längeren Zeitraum und keine Erstattung von Tätigkeitsberichten (LAG Hamm 25.9.1959 – 5 BV Ta 48/59);
- keine Betriebsratssitzungen über einen längeren Zeitraum (ArbG Wetzlar 22.9.1992 – 1 BV 10/92);
- eigenmächtiges Einrichten einer Homepage (ArbG Paderborn 29.1.1998 – 1 BV 35/97);
- Unterstützung von Maßregelungskündigungen (ArbG Freiburg 15.10.1997 – 6 BV 2/97);
- Verstoß gegen Pflichten aus § 75 Abs. 2 BetrVG (BAG 8.6.1999 – 1 ABR 67/98);
- Zusage von Unterstützung einer Bewerberin durch einen Betriebsrat, soweit diese sich sexuell gefällig verhalte (HessLAG 11.12.2008 – 9 TaBV 141/08).

Kein grober Verstoß liegt nach der Rechtsprechung in folgenden Fällen vor:

- Fehlwertung in einer ungeklärten Rechtsfrage, die zu einer Verletzung der Pflichten aus § 75 Abs. 2 S. 1 BetrVG führt (BAG 28.5.2002 – 1 ABR 32/01);
- Gespräche über die Beendigung von Arbeitsverhältnissen gegen Abfindung, ohne zuvor den Betriebsrat nach § 102 BetrVG angehört zu haben (LAG Hamm 19.7.2002 – 10 TaBV 42/02).

In der jüngeren Vergangenheit haben einige Entscheidungen der Arbeitsgerichte zur Auflösung des Betriebsrats für Aufsehen gesorgt, die sich mit der Nichtdurchführung der gesetzlich vorgeschriebenen **Betriebsversammlungen** befasst haben. So hat das Arbeitsgericht Stuttgart (ArbG Stuttgart 25.7.2013 – 22 BV 13/13) den Betriebsrat eines Reinigungsspezialisten aufgelöst, da der Betriebsrat nach Ansicht des Gerichts seine gesetzlichen Pflichten grob verletzt habe, indem er zumindest im Jahr 2012 keine dem Gesetz entsprechenden Betriebsversammlungen und Abteilungsversammlungen durchgeführt habe. Diese in der Literatur viel diskutierte Entscheidung wurde in der Rechtsmittelinstanz vom Landesarbeitsgericht Baden-Württemberg bestätigt (LAG BW 13.3.2014 – 6 TaBV 5/13).

Auch das Arbeitsgericht Hamburg hat den Betriebsrat eines Restaurantbetreibers in Hamburg mit der Begründung aufgelöst, dass die Untätigkeit des Betriebsrats über einen längeren Zeitraum als grobe Verletzung gesetzlicher Pflichten grundsätzlich geeignet sei, einen Antrag auf Auflösung des Betriebsrats nach § 23 Abs. 1 BetrVG zu begründen. Die Nichtdurchführung von Betriebsversammlungen nach § 43 Abs. 1 BetrVG könne eine solche Pflichtverletzung darstellen (ArbG Hamburg 27.6.2012 – 27 BV 8/12). In diesem Fall half es dem Betriebsrat nicht einmal, dass er vortrug, er sei vom Arbeitgeber in der Vergangenheit an der Ausübung seiner Tätigkeit gehindert worden. Gerade dann – so das Gericht – wäre es wichtig gewesen, die gesetzlich vorgeschriebenen Betriebsversammlungen durchzuführen, um die Belegschaft über die innerbetrieblichen Vorgänge zu informieren.

Praxistipp

Jeder Betriebsrat ist daher gut beraten, die vom Gesetz in § 43 Abs. 1 BetrVG vorgeschriebenen Betriebsversammlungen – jeweils eine pro Kalendervierteljahr – auch tatsächlich durchzuführen. Auch wenn der Betriebsrat der Meinung ist, es gebe nichts zu besprechen – es kann nicht ausgeschlossen werden, dass die Belegschaft Redebedarf hat. Denn die Betriebsversammlung ist das Forum der Aussprache zwischen Betriebsrat und Belegschaft und sollte als solches dem ständigen Austausch und der Transparenz der Betriebsratstätigkeit dienen.

29. Ist der Betriebsrat „Verantwortlicher" im Sinne der DS-GVO?

Nein. Der nach dem Betriebsrätemodernisierungsgesetz neu eingefügte § 79a BetrVG regelt nun ausdrücklich, dass der Arbeitgeber der für die Verarbeitung personenbezogener Daten Verantwortliche iSd DS-GVO ist, soweit der Betriebsrat zur Erfüllung der in seiner Zuständigkeit liegenden Aufgaben personenbezogene Daten verarbeitet. Dennoch hat der Betriebsrat bei der Verarbeitung personenbezogener Daten die datenschutzrechtlichen Vorschriften einzuhalten. Bei der Einhaltung datenschutzrechtlicher Vorschriften unterstützen sich Arbeitgeber und Betriebsrat gegenseitig.

IV. Rechtsstellung der Betriebsratsmitglieder

Betriebsratsmitglieder haben eine „Doppelstellung“ im Betrieb. Sie sind zum einen „normale“ Arbeitnehmer, zum anderen aber auch Mitglied eines Kollektivorgans. Diese doppelte Rechtsstellung hat natürlich Auswirkungen auf das Handeln der einzelnen Betriebsratsmitglieder. Nachfolgend wird auf die Frage eingegangen, ob die einzelnen Betriebsratsmitglieder rechtsfähig sind bzw. was die Mitgliedschaft in einem Kollektivorgan für rechtliche Konsequenzen für das einzelne Mitglied hat. Denn oft wissen Betriebsräte nicht, ob ihr Handeln als Mitglied im Gremium auch Auswirkungen haben kann auf ihre Stellung als Arbeitnehmer im Betrieb und umgekehrt.

30. Sind Betriebsratsmitglieder rechtlich „doppelt“ vorhanden?

Das einzelne Betriebsratsmitglied lebt in einem permanenten Spannungsverhältnis: zum einem ist es Arbeitnehmer im Betrieb, zum anderen ist es Mitglied des Betriebsrats und somit ein Amtsträger. Das Betriebsratsamt ist ein Ehrenamt, das gem. § 37 Abs. 1 BetrVG unentgeltlich ausgeübt wird. Dies soll die äußere und innere Unabhängigkeit des Betriebsrats und seiner Mitglieder sichern. Betriebsratsmitglieder verfügen aber auch über gewisse Besserstellungen, die sie als Betriebsratsmitglied gegenüber „normalen“ Arbeitnehmern haben, da sie sich durch die Interessenvertretung der Arbeitnehmer in ein Spannungsverhältnis mit dem Arbeitgeber begeben.

- Für Betriebsratsmitglieder hat der Gesetzgeber in § 15 KSchG einen besonderen Kündigungsschutz geregelt. Eine Kündigung ist gegenüber Betriebsratsmitgliedern nur in äußerst begrenzten Ausnahmefällen möglich. So kann ein Betriebsratsmitglied nicht ordentlich betriebsbedingt gekündigt werden. Eine außerordentliche betriebsbedingte Kündigung ist nur möglich im Falle einer **Betriebsstilllegung** (§ 15 Abs. 4 KSchG), wobei die Kündigung der Betriebsratsmitglieder – und zwar unabhängig von der individuellen Kündigungsfrist – erst zum Zeitpunkt der Stilllegung zulässig ist („Der Betriebsrat macht das Licht aus“). Auch ist denkbar, dass die Abteilung, also der **Betriebsteil,** in dem das Betriebsratsmitglied tätig ist, stillgelegt wird, zB durch Outsourcing. In diesem Fall ist der Arbeitgeber gem. § 15 Abs. 5 KSchG verpflichtet, das Mitglied in einer anderen Abteilung weiter zu beschäftigen. Erforderliche Qualifizierungsmaßnahmen hat der Arbeitgeber auf eigene Kosten durchzuführen. Ebenso ist der Arbeitgeber verpflichtet, notfalls einer anderen Person in dieser Abteilung zu kündigen, um dort Platz für das Betriebsratsmitglied zu schaffen. Im Falle einer **außerordentlichen Kündigung aus wichtigem Grund** muss der (übrige) Betriebsrat gem. § 103 Abs. 1 BetrVG zu der beabsichtigten Kündigung nicht nur angehört werden, sondern er muss **ausdrücklich zustimmen.** Tut er dies nicht, so muss der Arbeitgeber die fehlende Zustimmung des Betriebsrats durch das Arbeitsgericht ersetzen lassen. Sollte das Arbeitsgericht die Zustimmung ersetzen, kann die außerordentliche Kündigung aus wichtigem Grund ausgesprochen werden. Hiergegen wiederum kann das betroffene Betriebsratsmitglied Kündigungsschutzklage erheben. Dies bedeutet, dass der Arbeitgeber im Ergebnis zwei Gerichtsverfahren gewinnen muss, bevor die (außerordentliche, fristlose) Kündigung eines Betriebsratsmitglieds wirksam ist.
- Betriebsratsmitglieder sind darüber hinaus vor Versetzungen, die zum Verlust ihres Amts führen könnten, besonders geschützt. Eine derartige **Versetzung** ist gem. § 103 Abs. 3 BetrVG **nur mit deren Zustimmung** möglich.
- Zudem dürfen Betriebsratsmitglieder wegen der Tätigkeit im Gremium weder **benachteiligt** noch **begünstigt** werden. Dies bezieht sich gem. § 78 BetrVG auch auf ihre berufliche Entwicklung im Betrieb.
- Betriebsratsmitglieder haben das Recht, sich zeitweise oder auch ganz von der eigentlichen Beschäftigung unter Fortzahlung der Vergütung

selbst von der Arbeitsleistung **freizustellen**, sofern sie Aufgaben des Betriebsrats wahrnehmen und die Freistellung für eine ordnungsgemäße Bearbeitung dieser Aufgaben erforderlich ist (§ 37 Abs. 2 BetrVG). Hierbei sind betriebliche Belange hinreichend zu berücksichtigen.

- Betriebsratsmitglieder unterliegen der Verschwiegenheitspflicht für bestimmte Informationen, von denen sie durch die Betriebsratsarbeit Kenntnis erlangen (→ *Frage 26: Kann der Betriebsrat einer strafrechtlichen Verfolgung ausgesetzt sein?*).

31. Welche Konsequenzen hat die „Doppelstellung" der Mitglieder?

Die Betriebsratsmitglieder müssen sich einerseits an die Rechte und Pflichten aus dem Betriebsverfassungsgesetz halten. Bei einem groben Verstoß gegen betriebsverfassungsrechtliche Pflichten kann ein Ausschluss des Mitglieds aus dem Gremium oder sogar die Auflösung des Betriebsrats gem. § 23 Abs. 1 BetrVG drohen. Zudem bleiben sie Arbeitnehmer des Betriebs und müssen sich daher andererseits an die Regeln des Arbeitsverhältnisses halten, insbesondere dürfen sie nicht gegen arbeitsvertragliche Haupt- und Nebenpflichten verstoßen. Bei einem Verstoß gegen arbeitsvertragliche Pflichten können arbeitsrechtliche Konsequenzen (zB Abmahnung, Kündigung) erfolgen.

V. Haftung der Betriebsratsmitglieder

Der Betriebsrat ist ein juristisches Gebilde. Die Betriebsratsmitglieder sind Teil davon und treten unter Umständen auch nach außen im Rechtsverkehr auf. Insbesondere neugewählte Betriebsratsmitglieder stellen sich bezogen auf ihr – neues – Ehrenamt häufig folgende Fragen:

- Hafte ich für mein Handeln?
- Hafte ich unter Umständen sogar mit meinem Privatvermögen?
- Hafte ich bei jedem Fehlverhalten oder gibt es Haftungsprivilegierungen für Betriebsratsmitglieder?
- Ist es relevant, in welcher „Rolle" – als Betriebsratsmitglied oder als „normaler" Arbeitnehmer – ich gehandelt habe?

Diese und weitere Fragen werden nachfolgend thematisiert.

32. Welche Arten von „Haftung" gibt es?

Mit „Haftung" ist allgemein die Frage verbunden, ob eine Person für einen verursachten Schaden eintreten muss. Ist die Person für den Schaden verantwortlich, begründet dies einen sog. Schadensersatzanspruch. Der Schadensersatzanspruch dient dem Ausgleich des erlittenen Schadens. Dabei wird zwischen **vertraglicher** und **gesetzlicher Haftung** unterschieden:

- Eine **vertragliche** Haftung wird dabei stets aus einem Vertragsverhältnis begründet (Beispiel: aus einem geschlossenen Arbeitsvertrag).
- Eine **gesetzliche** Haftung wird von Gesetzes wegen bestimmt (Beispiel: ein Schadensersatzanspruch wegen einer unerlaubten Handlung, §§ 823 ff. BGB). Daneben gibt es noch eine „Zwischenform", die als quasi-vertragliche Haftung bezeichnet wird. Da für das hiesige Thema nur der quasi-vertragliche Anspruch aus § 179 BGB relevant ist, wird Entsprechendes in diesem Zusammenhang dargestellt (→ *Frage 44: Haftet das Mitglied, wenn es rechtsgeschäftlich als Vertreter ohne Vertretungsmacht handelt?*).

Im Nachfolgenden wird – der besseren Verständlichkeit und Lesbarkeit halber – nur der allgemeine Begriff der Haftung verwendet.

33. Wann haftet man?

Die Voraussetzungen einer Haftung unterscheiden sich danach, ob ein vertraglicher oder gesetzlicher Schadensersatzanspruch gegeben ist.

Die **allgemeinen Voraussetzungen** eines vertraglichen Schadensersatzanspruchs sind:

- das Vorliegen eines Vertrages
- die Verletzung einer Pflicht/Regelung aus dem Vertrag durch ein Verhalten (→ *Frage 34: Welches Verhalten kann eine Haftung auslösen?*)
- Vertretenmüssen (→ *Frage 35: Welche Arten des Verschuldens gibt es im Arbeitsrecht?*)
- der Eintritt eines (finanziellen) Schadens

Gesetzliche Schadensersatzansprüche variieren in ihren Voraussetzungen. Als Hauptanwendungsfall im Arbeitsrecht werden die Voraussetzungen anhand einer unerlaubten Handlung (§ 823 Abs. 1 BGB (Deliktsrecht)) dargestellt: Eine unerlaubte Handlung begeht derjenige, der sich rechtswidrig und schuldhaft (→ *Frage 34: Welches Verhalten kann eine Haftung auslösen?*) verhält und dadurch absolute Rechte oder Rechtsgüter eines Dritten verletzt (Beispiel: dessen Leben, Körper, Gesundheit oder Eigentum).

Praxisrelevant sind daneben noch die gesetzlichen Vorschriften § 823 Abs. 2 BGB sowie § 826 BGB (Deliktsrecht):

- Der gesetzliche Schadensersatzanspruch nach § 823 Abs. 2 BGB setzt den schuldhaften Verstoß gegen ein Schutzgesetz, zum Beispiel eine Verletzung der Geheimhaltungspflicht, voraus (→ *Frage 46: Haftet das Mitglied für Verstöße gegen die Geheimhaltungspflicht?*). Die Haftung basiert dabei darauf, dass eine Vorschrift

verletzt wird, die dem Schutz von Rechtsgütern einzelner Personen dient.
- Der gesetzliche Schadensersatzanspruch nach § 826 BGB setzt eine vorsätzliche sittenwidrige Schädigung (dh eine besondere Verwerflichkeit eines Verhaltens) voraus.

34. Welches Verhalten kann eine Haftung auslösen?

Das einen Schadensersatzanspruch auslösende Verhalten kann sowohl in einem Handeln als auch in einem Unterlassen liegen. Bei einem Handeln liegt ein aktiver Verstoß vor. Ein Unterlassen ist vorwerfbar, wenn eine Pflicht zum Handeln besteht und das Handeln auch möglich ist.

35. Welche Arten des Verschuldens gibt es im Arbeitsrecht?

Auch im Arbeitsrecht gibt es zwei Kategorien von vorwerfbarem Verhalten (Handeln oder Unterlassen), die eine Haftung begründen können: Es wird zwischen **Vorsatz** und **Fahrlässigkeit** unterschieden. Diese Unterscheidung ist relevant für die Feststellung des Verschuldens bzw. des Vertretenmüssens als Voraussetzung einer Haftung (→ *Frage 33: Wann haftet man?*). Der juristische Begriff Verschulden bzw. Vertretenmüssen betrifft dabei die Frage des persönlichen „Etwas-Dafürkönnens". Ist der Person, die einen Schaden verursacht, kein vorsätzliches oder zumindest fahrlässiges Verhalten vorzuwerfen, scheidet eine Haftung grundsätzlich aus (Ausnahmefall: verschuldensunabhängige Haftung, so bei einer vereinbarten Mankohaftung – Haftung für Fehlbeträge aus einer anvertrauten Kasse). Vorsatz und Fahrlässigkeit betreffen die innere (subjektive) Seite eines Verhaltens. Das fahrlässige Handeln wird im Arbeitsrecht noch unterteilt in **leichteste Fahrlässigkeit, normale Fahrlässigkeit und grobe Fahrlässigkeit.** Die Abstufungen von Fahrlässigkeit hin zum Vorsatz als schwerster Form der Vorwerfbarkeit werden dabei wie folgt definiert:

– **Leichteste Fahrlässigkeit:** Leichteste Fahrlässigkeit wird im Arbeitsrecht in den Fällen des „typischen Abirrens" der Arbeitsleistung angenommen – in Fällen des „Sich-Vergreifens", „Sich-Versprechens" oder „Sich-Vertuns" (ErfK/Preis BGB § 619a Rn. 17).
– **Normale Fahrlässigkeit:** Fahrlässigkeit ist das Außerachtlassen der im Verkehr erforderlichen Sorgfalt; ein Verstoß gegen das Sorgfaltsgebot liegt vor, wenn nach einem objektivierten Beurteilungsmaßstab der Handelnde in seiner konkreten Lage den drohenden Erfolg seines Verhaltens voraussehen und ihn vermeiden konnte (BGH 21.5.1996 – VI ZR 161/95). Eine Haftung hängt von den Umständen des Einzelfalles ab.
– **Grobe Fahrlässigkeit:** Grobe Fahrlässigkeit liegt vor, wenn die im Verkehr erforderliche Sorgfalt in ungewöhnlich hohem Maße verletzt wurde, wenn ganz nahe liegende Überlegungen nicht angestellt oder beiseite geschoben wurden und dasjenige unbeachtet geblieben ist, was im gegebenen Fall sich jedem aufgedrängt hätte (BGH 15.11.1999 – II ZR 98/98).
– **Vorsatz:** Vorsatz setzt ein wissentliches und willentliches Verletzen von Rechtsgütern bzw. Rechtspositionen voraus, wobei bedingter Vorsatz ausreichend ist. Mit bedingtem Vorsatz handelt, wer einen rechtswidrigen Erfolg für möglich hält und diesen billigend in Kauf nimmt (BGH 17.9.1985 – VI ZR 73/84).

36. Kann das Betriebsratsmitglied schuldhaft handeln?

Ja, das Betriebsratsmitglied kann schuldhaft handeln. Das ist dann der Fall, wenn es im Zusammenhang mit seiner Betriebsratstätigkeit fahrlässig oder vorsätzlich die Voraussetzungen eines Schadensersatzanspruchs erfüllt (→ *Frage 33: Wann haftet man?*).

37. Kann das Betriebsratsmitglied generell haftbar gemacht werden?

Ja, das Betriebsratsmitglied kann unter bestimmten Voraussetzungen haftbar gemacht werden. Als wichtiger Grundsatz ist dabei aber zu beachten, dass das Betriebsratsamt ein unentgeltliches Ehrenamt ist. Das Betriebsratsmitglied soll durch dieses Ehrenamt weder benachteiligt noch bevorzugt werden. Das Betriebsratsmitglied soll frei von äußeren Einwirkungen handeln. Das Ehrenamt begründet aber nicht nur Rechte, sondern auch Pflichten. Es müssen die Grenzen von Recht und Gesetz beachtet werden. Dennoch darf den Betriebsratsmitgliedern keine starre Haftung auferlegt werden. Dies würde im Widerspruch zu dem Ehrenamt stehen und dazu führen, dass die Wahlbeteiligung und die Motivation zur Übernahme des Amts noch geringer ausfallen dürften. Um diesem Spannungsverhältnis gerecht zu werden, genießt das Betriebsratsmitglied zwar keine grundlegende Freistellung von jeglicher Haftung, in bestimmten Konstellationen aber eine haftungsrechtliche Privilegierung (→ *Frage 38: Was ist eine Haftungsprivilegierung?*).

38. Was ist eine Haftungsprivilegierung?

Ein Betriebsratsmitglied hat nicht nur einen Sonderkündigungsschutz und Sonderversetzungsschutz, sondern es genießt in bestimmten Fällen eine Haftungsprivilegierung. Damit ist nicht gemeint, dass es von der Haftung generell ausgenommen ist, sondern bei der Haftungsfrage besonders – betriebsverfassungsrechtlich – behandelt wird. Nach den Vorstellungen des Bürgerlichen Gesetzbuchs wird im Grundsatz bei Vorsatz und Fahrlässigkeit gehaftet (vgl. § 276 BGB). Wird von diesem Grundsatz für das Vertretenmüssen bzw. Verschulden abgewichen, wird also der Maßstab bezüglich der Frage, ab wann eine Haftung eintreten soll, verschoben, handelt es sich um eine Haftungsprivilegierung bzw. Haftungsbeschränkung. Die Voraussetzungen für eine Haftung werden in einem solchen Fall strenger und können daher zum Ausschluss der Haftung führen. So kann eine Haftung – wie in diesem Zusammenhang von Interesse – auf das Vorliegen von grober Fahrlässigkeit und Vorsatz beschränkt werden.

In welchen Fällen eine solche Haftungsprivilegierung eine Rolle spielt, wird bei den jeweiligen Haftungskonstellationen noch einmal beschrieben (→ *Frage 40: Welche Haftungskonstellationen sind denkbar?* ff.).

39. Ist die „Doppelstellung" für die Haftung relevant?

Die „Doppelstellung" (→ *Frage 30: Sind Betriebsratsmitglieder rechtlich „doppelt" vorhanden?)* ist relevant für die Beantwortung der Haftungsfrage. Aus rechtlicher Sicht ist jedes Betriebsratsmitglied mindestens zweifach im Betrieb: als „normaler" Arbeitnehmer und als Betriebsratsmitglied. Handelt der Betroffene in seiner Eigenschaft als Arbeitnehmer, greift der arbeitsrechtliche Haftungsgrundsatz, der den Grad der Haftung im Einzelfall nach der Qualität des arbeitsrechtlichen Verstoßes bewertet (BAG 16.2.1995 – 8 AZR 741/87 (A)):

- Bei **leichtester Fahrlässigkeit** haftet der Arbeitnehmer nicht.
- Bei **normaler Fahrlässigkeit** wird regelmäßig der Schaden zwischen Arbeitnehmer und Arbeitgeber anteilig aufgeteilt.
- Bei **grober Fahrlässigkeit** muss der Arbeitnehmer regelmäßig alleine haften, sofern nicht ausnahmsweise zwischen dem Verdienst und dem Schadensrisiko ein deutliches Missverhältnis besteht (BAG 15.11.2012 – 8 AZR 705/11; BAG 22.5.1997 – 8 AZR 562/95; BAG 17.9.1998 – 8 AZR 175/97).
- Bei **vorsätzlichem Handeln** haftet der Arbeitnehmer vollständig; handelt der Arbeitnehmer so fehlerhaft, wie es kein anderer Arbeitnehmer tun würde, oder begeht er den Gesetzesverstoß sogar wissentlich und willentlich, muss der Arbeitnehmer dafür auch allein in Haftung genommen werden können.

Die „Doppelstellung" sorgt dafür, dass aus rechtlicher Sicht der „Arbeitnehmer" separat vom „Betriebsratsmitglied" betrachtet wird. Der oben dargestellte arbeitsrechtliche Haftungsgrundsatz findet für die Haftungsfrage von Betriebsratsmitgliedern keine Anwendung. Die Möglichkeit der Haftung eines Betriebsratsmitglieds wird in den nachfolgenden Fragen behandelt.

40. Welche Haftungskonstellationen sind denkbar?

In der Praxis kommen insbesondere folgende Konstellationen in Betracht:

- Das Betriebsratsmitglied begeht eine unerlaubte Handlung (§§ 823 ff. BGB)/sittenwidrige Schädigung (§ 826 BGB).
- Das Betriebsratsmitglied stimmt einem Betriebsratsbeschluss zu, wobei die unerlaubte Handlung in der Beschlussfassung besteht.
- Das Betriebsratsmitglied handelt rechtsgeschäftlich.
- Das Betriebsratsmitglied handelt rechtsgeschäftlich, ist dabei ein Vertreter ohne Vertretungsmacht.
- Das Betriebsratsmitglied stimmt einem Betriebsratsbeschluss zu einem Vertrag zu.
- Das Betriebsratsmitglied gibt Betriebs- oder Geschäftsgeheimnisse bekannt oder verwertet diese.
- Das Betriebsratsmitglied verstößt gegen den Datenschutz.
- Das Betriebsratsmitglied verstößt gegen die betriebsverfassungsrechtliche Friedenspflicht.
- Das Betriebsratsmitglied verstößt gegen die Grundsätze für die Behandlung der Betriebsangehörigen.

41. Haftet das Mitglied wegen unerlaubter Handlung?

Ja, das Betriebsratsmitglied kann wegen einer unerlaubten Handlung (§ 823 BGB) haftbar gemacht werden. An dieser Stelle muss danach unterschieden werden, ob das Betriebsratsmitglied in Ausübung seines Ehrenamts (Beispiel 1) handelt oder nicht (Beispiel 2):

Beispiel

Beispiel 1 („in Ausübung seines Ehrenamts"): *Das Betriebsratsmitglied beschädigt in Ausübung seines Betriebsratsamts das Eigentum des Arbeitgebers (das Betriebsratsmitglied stößt versehentlich ein Wasserglas um und beschädigt dadurch den Betriebsrats-PC, der im Eigentum des Arbeitgebers steht).*

Es ist umstritten, ob in einem solchen Fall, in dem die unerlaubte Handlung im Zusammenhang mit der Betriebsratsarbeit steht, eine Haftungsprivilegierung greift und die Haftung auf grobe Fahrlässigkeit und Vorsatz beschränkt wird. Eine Ansicht in der Literatur geht davon aus, dass es **keine Haftungsprivilegierung** gibt. Dies soll unabhängig davon gelten, ob das Betriebsratsmitglied in seiner Amtsausübung gehandelt hat. Der Haftungsmaßstab für Betriebsratsmitglieder müsse derselbe sein, wie für andere Arbeitnehmer aus unerlaubter Handlung und sittenwidriger Schädigung auch (ErfK/Koch BetrVG § 1 Rn. 19; BeckOK ArbR/Besgen BetrVG § 1 Rn. 57). Das Betriebsverfassungsgesetz schaffe kein deliktisches Sonderrecht für Amtspflichtverletzung von betriebsverfassungsrechtlichen Amtsträgern (ErfK/Koch BetrVG § 1 Rn. 19). Aus der Ausübung des Betriebsamts folge weder eine Schärfung der Haftung noch eine Erleichterung (BeckOK ArbR/Besgen BetrVG § 1 Rn. 57). Nach dieser Ansicht muss das **Betriebsratsmitglied haften.**

Nach anderer Ansicht muss danach differenziert werden, ob die unerlaubte Handlung im Zusammenhang mit der Amtsausübung steht oder nicht. Das Erfordernis einer nicht durch Haftungsrisiken belasteten Amtsausübung gebiete hier, eine Haftung auf Fälle von grober Fahrlässigkeit und Vorsatz zu beschränken, wenn das Betriebsratsmitglied in Ausübung seines Amtes gehandelt hat. Es dürfe nicht sein, dass das Haftungsrisiko zu einer unangemessenen Beschränkung der Betriebsratstätigkeit führt (Fitting BetrVG § 1 Rn. 291 ff.). Die Betriebsratsmitglieder dürfen bei ihrer unentgeltlichen Amtsausführung nicht aus Sorge vor finanzieller Haftung behindert werden (Fitting BetrVG § 1 Rn. 291 ff.). Nach dieser Ansicht muss das Betriebsratsmitglied nicht haften, da hier nicht von einer groben Fahrlässigkeit ausgegangen wird. Nach der zweiten Ansicht müsste geklärt werden, ob sie in ihrer Funktion als Betriebsratsmitglied gehandelt haben. Stand die unerlaubte Handlung danach in einem Zusammenhang mit der Betriebsratstätigkeit, wäre eine Haftung auf grobe Fahrlässigkeit beschränkt.

Beispiel

Beispiel 2 („nicht in Ausübung seines Ehrenamts"): *Das Betriebsratsmitglied gibt am Stammtisch Betriebsgeheimnisse bekannt, wodurch* *dem Arbeitgeber ein Schaden entsteht, so hat das Betriebsratsmitglied eine unerlaubte Handlung begangen.*

In einem solchen Fall, in dem das Betriebsratsmitglied eine unerlaubte Handlung begeht, welche nicht im Zusammenhang mit der Ausübung seines Ehrenamts steht, haftet es nach allen Ansichten nach den allgemeinen Grundsätzen. Die betriebsverfassungsrechtliche Haftungsprivilegierung findet keine Anwendung und das bedeutet, eine Haftung ist hier nicht nur auf grobe Fahrlässigkeit und Vorsatz beschränkt. Außerhalb der Amtswahrnehmung gibt es keinen Grund für eine haftungsrechtliche Privilegierung (Fitting BetrVG § 1 Rn. 312, 315, 316). Auch im Fall einer sittenwidrigen Schädigung (§ 826 BGB) ist eine Haftung denkbar. Aus der Rechtsnatur einer sittenwidrigen Schädigung, die Vorsatz voraussetzt, ergibt sich, dass nach beiden Ansichten eine Haftungsprivilegierung hier nicht möglich sein kann.

Praxistipp

Nach beiden Ansichten begründet leichteste Fahrlässigkeit hingegen wohl keine Haftung. Da Betriebsratsmitglieder bei der Beurteilung einer deliktischen Haftungsfrage auf jeden Fall nicht schlechter gestellt werden dürfen, begründet sich auch erst ab normaler Fahrlässigkeit eine Haftung (BeckOK ArbR/Besgen, Ed. 33, BetrVG § 1 Rn. 57).

Es ist zu beachten, dass die obigen Darstellungen eher ein theoretisches Problem betreffen. Diese Problematik beschäftigt Juristen in der Literatur, hat hingegen kaum praktische Relevanz. Wenn ein Betriebsratsmitglied sich „normal" verhält, begründet sich keine Haftung!

42. Was gilt, wenn ein Beschluss eine unerlaubte Handlung ist?

Das Betriebsratsmitglied kann haftbar gemacht werden, wenn es einem Beschluss zustimmt, der eine unerlaubte Handlung darstellt. Als Grundsatz gilt zwar, dass das Betriebsratsmitglied keine Einstandspflicht für ein Fehlverhalten des Betriebsrats hat (Fitting BetrVG § 1 Rn. 216). Allerdings hat das Betriebsratsmitglied ein Amt übernommen – somit begründen sich auch Pflichten. Es hat Sorge dafür zu tragen, dass der Betriebsrat rechtmäßig handelt. Deswegen kann das Betriebsratsmitglied für einen solchen Beschluss haftbar gemacht werden, sofern es – eindeutig zurechenbar – diesem zugestimmt hat. Stimmt das Betriebsratsmitglied gegen den Beschluss oder enthält es sich bei der Abstimmung, haftet es nicht. Bleibt es unklar, ob ein Betriebsratsmitglied tatsächlich zugestimmt hat, so haftet es ebenfalls nicht. Die gesetzliche Erleichterung des § 830 Abs. 1 S. 2 BGB – lässt sich nicht ermitteln, wer von mehreren Beteiligten den Schaden durch seine Handlung verursacht hat, so ist jeder für den Schaden verantwortlich – greift nicht (Fitting BetrVG § 1 Rn. 317; Richardi BetrVG/Thüsing BetrVG Vor § 26 Rn. 16).

Praxistipp

Sollte ein Betriebsratsmitglied der Meinung sein, dass der Beschlussgegenstand/-inhalt eine unerlaubte Handlung darstellt oder zur Folge haben könnte, sollte es nicht dafür stimmen. Es sollte seine Bedenken vortragen und darauf bestehen, dass dies in der Sitzungsniederschrift festgehalten wird. Das Betriebsratsmitglied sollte dafür sorgen, dass es bei der Abstimmung als Gegenstimme namentlich bezeichnet wird.

Aus rechtlicher Sicht haften nur die Betriebsratsmitglieder, die einem solchen Beschluss zugestimmt haben. Aus praktischer Sicht kann sich allerdings das Problem ergeben, ob den zustimmenden Betriebsratsmitgliedern dies nachgewiesen werden kann. Grund dafür kann die Geheimhaltungsverpflichtung (§ 79 BetrVG) sein. Die gesetzlich den Betriebsratsmitgliedern vorgeschriebene Geheimhaltungsverpflichtung kann also dazu führen, dass Betriebsratsmitglieder mangels Beweisbarkeit nicht haftbar gemacht werden können. Diese mögliche Problematik sollte aber selbstverständlich nicht als „Freifahrtschein" verstanden werden!

43. Haftet das Mitglied für rechtsgeschäftliches Handeln?

Ja, das Betriebsratsmitglied kann für ein vertragliches Handeln haftbar gemacht werden. Schließt ein Betriebsratsmitglied einen Vertrag mit einem

Dritten in eigenem Namen ab, so wird das Betriebsratsmitglied selbst aus dem Vertrag verpflichtet und kann haftbar gemacht werden (Fitting BetrVG § 1 Rn. 309, 311). Das Gleiche gilt, wenn das Betriebsratsmitglied einen Vertrag mit einem Dritten für den Betriebsrat abschließt, dieses aber weder ausdrücklich erklärt und sich dies auch nicht aus den Begleitumständen unzweifelhaft ergibt.

44. Haftet das Mitglied, wenn es rechtsgeschäftlich als Vertreter ohne Vertretungsmacht handelt?

Ja, das Betriebsratsmitglied kann als sog. **Vertreter ohne Vertretungsmacht** (analog § 179 BGB) haftbar gemacht werden. Mit der juristischen Figur eines Vertreters ohne Vertretungsmacht ist eine Person gemeint, die einen Vertrag für einen Dritten – ohne jegliche Berechtigung (Beispiel: Vollmacht) – abschließt. Die Haftung des Vertreters ohne Vertretungsmacht wird auch als quasi-vertragliche Haftung bezeichnet. Der Vertrag verpflichtet den Dritten nicht, es sei denn, dieser genehmigt den Vertrag nachträglich. Das Betriebsratsmitglied kann persönlich verpflichtet werden, wenn es

- die Grenzen des betriebsverfassungsrechtlichen Wirkungskreises (Beispiel: Hinzuziehung eines Beratungsunternehmens ist nicht erforderlich, BGH 25.10.2012 – III ZR 266/11) verlässt oder
- sich innerhalb dieses Wirkungskreises befindet, aber ohne Vertretungsmacht für den Arbeitgeber einen Vertrag abschließt (MAH ArbR/v. Hoyningen-Huene § 212 Rn. 17).

Die Haftung des handelnden Betriebsratsmitglieds wird jedoch beschränkt, wenn es den Mangel der Vertretungsmacht nicht kennt. Es ist nur zum Ersatz desjenigen Schadens verpflichtet, welchen der Dritte dadurch erleidet, dass er auf die Vertretungsmacht vertraut (analog § 179 Abs. 2 BGB; Beispiel: Kosten für die Vorbereitung der Vertragsdurchführung). Das Betriebsratsmitglied kann nicht über diesen Betrag hinaus in Haftung genommen werden. Die Haftung ist gänzlich ausgeschlossen, wenn der Dritte den Mangel der Vertretungsmacht kennt oder kennen muss (analog § 179 Abs. 3 BGB). Eine weitere Haftungserleichterung kommt nicht in Betracht (BGH 25.10.2012 – III ZR 266/11).

45. Kann das Betriebsratsmitglied haftbar gemacht werden, wenn es einem Betriebsratsbeschluss zu einem Vertrag zustimmt?

Ja, das Betriebsratsmitglied kann, wenn es einem Beschluss für einen Vertragsabschluss zustimmt, aus diesem Vertrag verpflichtet werden. Diese Konstellation gilt aber nur, wenn Betriebsratsmitglieder Rechtsgeschäfte **außerhalb ihres Wirkungskreises** durchführen (Beispiel: nicht erforderliche Beauftragung eines Beratungsunternehmens) und deshalb der Arbeitgeber die Kosten nicht übernehmen muss (BGH 25.10.2012 – III ZR 266/11). In einem solchen Fall begründet sich eine **Gesamtschuldnerschaft** zwischen denjenigen Betriebsratsmitgliedern, die der Beschlussfassung zugestimmt haben. Eine Gesamtschuldnerschaft bedeutet, dass es mehrere Schuldner (hier: Betriebsratsmitglieder) gibt, die verpflichtet sind, einem Gläubiger (hier: Vertragspartner) die vertragliche Leistung zu erbringen (hier: Vergütung). Der Gläubiger kann die Leistung aber nur ein Mal fordern. Das Betriebsratsmitglied, welches die Zahlung an den Gläubiger vornimmt, kann im Gegenzug von den anderen haftenden Betriebsratsmitgliedern die Summe anteilig einfordern (§§ 420 ff. BGB).

Praxistipp

Es ist zu beachten, dass es für eine Inanspruchnahme ausreichend sein kann, wenn nachgewiesen wird, dass das Betriebsratsmitglied einem Beschluss zustimmte, wonach ein Vertrag begründet wurde, von dessen Verpflichtungen der Arbeitgeber den Betriebsrat nicht freizustellen (§ 40 BetrVG) braucht.

46. Haftet das Mitglied für Verstöße gegen die Geheimhaltungspflicht?

Ja, das Betriebsratsmitglied kann haftbar gemacht werden, wenn es gegen die Geheimhaltungspflicht (§ 79 BetrVG) verstößt. Die Mitglieder und Ersatzmitglieder des Betriebsrats sind verpflichtet, Betriebs- oder Geschäftsgeheimnisse, die ihnen wegen ihrer Zugehörigkeit zum Betriebsrat bekannt geworden und vom Arbeitgeber ausdrücklich als geheimhaltungsbedürftig bezeichnet worden sind, nicht zu offenbaren und nicht zu verwerten. Betriebs- oder Geschäftsgeheimnisse können unter anderem sein:

- Zeichnungen
- Kundenlisten
- Produktionsabläufe
- Auftragslage
- Verträge mit Dritten

Die Geheimhaltungspflicht ist ein so genanntes Schutzgesetz (iSd § 823 Abs. 2 BGB). Ein rechtswidriger und schuldhafter Verstoß gegen die Geheimhaltungspflicht stellt demgemäß eine unerlaubte Handlung dar (→ *Frage 41: Haftet das Mitglied wegen unerlaubter Handlung?*).

Praxistipp

Neben der Geheimhaltungspflicht, die den Arbeitgeber schützt, existieren weitere Bestimmungen, die das Betriebsratsmitglied zum Schweigen verpflichten. Auch dabei handelt es sich um Schutzgesetze iSd § 823 Abs. 2 BGB (Fitting BetrVG § 1 Rn. 218), so dass bei einem Verstoß ebenfalls ein Schadensersatzanspruch wegen einer unerlaubten Handlung möglich ist.

Beispiele:

- *Anhörungs- und Erörterungsrecht des Arbeitnehmers (§ 82 Abs. 2 S. 3 BetrVG)*
- *Einsicht in die Personalakten (§ 83 Abs. 1 S. 3 BetrVG)*
- *Mitbestimmung bei personellen Einzelmaßnahmen (§ 99 Abs. 1 S. 3 BetrVG)*
- *Mitbestimmung bei Kündigungen (§ 102 Abs. 2 S. 5 BetrVG)*

Dabei schützen diese Vorschriften einen Arbeitnehmer oder einen Dritten, nicht aber den Arbeitgeber.

Die Geheimhaltungspflicht gilt auch – zeitlich unbegrenzt – nach dem Ausscheiden aus dem Betriebsrat (Richardi BetrVG/Thüsing BetrVG § 79 Rn. 32)! Im Zweifel sollte der Grundsatz also lauten: „Reden ist Silber, Schweigen ist Gold!"

47. Haftet das Mitglied, wenn es gegen Datenschutzregeln verstößt?

Ja, das Betriebsratsmitglied kann haftbar gemacht werden, wenn es gegen datenschutzrechtliche Bestimmungen verstößt. Aus betriebsverfassungs- und arbeitsrechtlicher Sicht sind besonders die personenbezogenen Daten relevant. Eine Verletzung von datenschutzrechtlichen Bestimmungen ist beispielsweise dann gegeben, wenn das Betriebsratsmitglied persönliche Daten von Kollegen, ehemaligen Kollegen und Bewerbern verbreitet oder verwertet. Entsteht dadurch ein finanzieller oder immaterieller Schaden (Beispiel: Rufschädigung), kann dieser kompensiert werden.

Praxistipp

Ein Betriebsratsmitglied sollte deshalb „vorsichtig" sein, es arbeitet mit so genannten sensiblen Daten. Im Zusammenhang mit der Betriebsratsarbeit werden darunter im Besonderen folgende persönliche Daten verstanden:

- *Name*
- *Adresse*
- *Lebenslauf*
- *Qualifikationen*
- *Sonstige Daten: medizinische Daten (Beispiel: Krankheit) oder juristische Daten (Beispiel: Vorstrafen)*
- *Daten Dritter (Beispiel: unterhaltsberechtigte Kinder)*

Dabei ist zu beachten, dass datenschutzrechtliche Bestimmungen auf vielseitige Weise verletzt werden können, nicht nur durch ein „Ausplaudern". Beispiel: Das Betriebsratsmitglied nimmt in einer Vielzahl von Fällen unberechtigt Einblick in die elektronisch geführten Personalakten (LAG Bln-Bbg 12.11.2012 – 17 TaBV 1318/12).

Praxistipp

Die allgemeinen Aufgaben (§ 80 BetrVG) berechtigen den Betriebsrat grundsätzlich nicht dazu, sich aus dem IT-System des Arbeitgebers benötigte Daten von Arbeitnehmern selbst zu beschaffen (LAG Bln-Bbg 12.11.2012 – 17 TaBV 1318/12). Das Datengeheimnis (§ 5 BDSG) verbietet es dem Betriebsrat, die Daten zu erheben bzw. zu verwerten. Ein Betriebsratsmitglied sollte sich daher ohne Zustimmung nie eigenmächtig benötigte Daten beschaffen.

48. Haftet das Mitglied, wenn es gegen die Friedenspflicht verstößt?

Ja, das Betriebsratsmitglied kann haftbar gemacht werden, wenn es gegen die Grundsätze für die Zusammenarbeit verstößt (§ 74 BetrVG). Unter welchen Umständen dies möglich ist, ist allerdings umstritten: als Grundsatz verpflichtet das Betriebsverfassungsgesetz die Betriebsparteien (Arbeitgeberseite und Betriebsrat) dazu, Maßnahmen des Arbeitskampfes sowie Betätigungen zu unterlassen, durch die der Arbeitsablauf oder der Frieden des Betriebs beeinträchtigt werden. Solche Maßnahmen sind unzulässig. Sowohl die Arbeitgeberseite als auch der Betriebsrat haben jede parteipolitische Betätigung im Betrieb zu unterlassen. Verstößt ein Betriebsratsmitglied dagegen (Beispiel: Es ruft in seinem Amt zum Streiken auf), kann der Arbeitgeber das Betriebsratsmitglied für Schäden in Anspruch nehmen, die hieraus entstehen. Die Voraussetzungen einer Haftung bei einem solchen Verstoß sind, wie bereits erwähnt, umstritten:

- Nach einer Ansicht sind die Regelungen der Friedenspflicht (§ 74 Abs. 2 BetrVG) als Schutzgesetz (iSd § 823 Abs. 2 BGB) zu werten. Demnach kann ein Verstoß des Betriebsratsmitglieds gegen die Friedenspflicht zu einer Haftung wegen einer unerlaubten Handlung führen (Fitting BetrVG § 1 Rn. 316).
- Nach anderer Ansicht haftet das Betriebsratsmitglied in einem solchen Fall nur, wenn das betreffende Verhalten auch bei einem Arbeitnehmer – ohne dass dieser im Betriebsrat ist – einen Schadensersatzanspruch auslösen würde (Richardi BetrVG/Richardi BetrVG § 74 Rn. 56). Der Arbeitgeber kann einen Schadensersatzanspruch nur aus einer Verletzung des Arbeitsvertrages selbst herleiten. Der Verstoß muss daher eine Pflichtverletzung des Arbeitsverhältnisses darstellen. Die Bestimmungen zur Friedenspflicht sind nach dieser Ansicht gerade nicht als Schutzgesetz (iSd § 823 Abs. 2 BGB) zu werten. Grund dafür ist, dass das Betriebsratsmitglied bezüglich einer Haftung nicht anders gestellt werden soll als der „normale" Arbeitnehmer (Richardi BetrVG/Richardi BetrVG § 74 Rn. 56). Nur das Betriebsratsmitglied, nicht der „normale" Arbeitnehmer, unterliegt der Friedenspflicht.

Praxistipp

Wichtig ist folgende Unterscheidung, die aus § 74 Abs. 2 S. 1 BetrVG folgt: Das Betriebsratsmitglied darf sich nicht in seiner Eigenschaft als Betriebsrat an Arbeitskämpfen beteiligen. Es darf demnach aber als „normaler" Arbeitnehmer an einem solchen teilnehmen. Daher sollte der Betriebsrat im Zuge von Arbeitskampfmaßnahmen darauf achten, sein Ehrenamt strikt von Arbeitskampfmaßnahmen zu trennen. Er sollte also solche Maßnahmen nicht unterstützen, indem er seine Funktion als Betriebsratsmitglied angibt oder Arbeitsmittel oder Räumlichkeiten des Betriebsrats zur Verfügung stellt. Zu bedenken ist auch, dass ein grober Verstoß gegen die Friedenspflicht durch den Betriebsrat als Gremium zu dessen Auflösung führen kann (durch gerichtlichen Beschluss). Ein einzelnes Betriebsratsmitglied kann in einem solchen Fall seines Amtes enthoben werden (Beispiel: Verteilung von Flugblättern gegen den Arbeitgeber). Wie bereits erwähnt, muss es sich aber um eine grobe Pflichtverletzung handeln (Richardi BetrVG/Richardi BetrVG § 74 Rn. 53) (→ Frage 27: Kann der Betriebsrat aufgelöst werden?).

49. Haftet das Mitglied, wenn es gegen die Grundsätze für die Behandlung der Betriebsangehörigen verstößt?

Ja, das Betriebsratsmitglied kann haftbar gemacht werden, wenn es gegen die Grundsätze für die Behandlung der Betriebsangehörigen (§ 75

BetrVG) verstößt. Die Betriebsparteien haben darüber zu wachen, dass alle im Betrieb tätigen Personen nach den Grundsätzen von Recht und Billigkeit behandelt werden, insbesondere, dass jede Benachteiligung von Personen aus Gründen

- ihrer Rasse
- ihrer ethnischen Herkunft
- ihrer Abstammung oder sonstigen Herkunft
- ihrer Nationalität
- ihrer Religion oder Weltanschauung
- ihrer Behinderung
- ihres Alters
- ihrer politischen oder gewerkschaftlichen Betätigung oder Einstellung
- ihres Geschlechts oder sexuellen Identität

unterbleibt. Zudem haben die Betriebsparteien die freie Entfaltung der Persönlichkeit der im Betrieb beschäftigten Arbeitnehmer zu schützen und zu fördern. Verstößt das Betriebsratsmitglied gegen diese Grundsätze, stellt dies eine unerlaubte Handlung dar und begründet einen Schadensersatzanspruch, da es sich nach wohl überwiegender Ansicht um ein Schutzgesetz iSv § 823 Abs. 2 BGB handelt (BAG 5.4.1984 – 2 AZR 513/82; nachgehend BVerfG 19.5.1992 – 1 BvR 126/85).

50. Was bedeuten die Haftungskonstellationen für die Betriebsratsarbeit?

Die vorgestellten Haftungskonstellationen sollen nicht verunsichern! Die Darstellung spiegelt – bisher – nicht die praktische Bedeutung wider. Die ausführliche Darstellungsweise ist aus Gründen der Übersichtlichkeit und Verständlichkeit der komplexen theoretischen Problematik gewählt worden. Sie soll dafür sensibilisieren, wann in der Praxis möglicherweise aus einem theoretischen Problem – ausnahmsweise – ein praktisches werden könnte.

Praxistipp

Die zugunsten von Betriebsratsmitgliedern gefassten Haftungsbestimmungen sollten aber auf gar keinen Fall als „Anreiz" für Handlungen verstanden werden, „sehenden Auges" gegen Recht und Gesetz zu verstoßen!

51. Können die Betriebsratsmitglieder auch gesamtschuldnerisch haften?

Ja, Betriebsratsmitglieder können auch **gesamtschuldnerisch** haften. Praxisrelevant ist hier insbesondere die Beschlussfassung im Betriebsrat:

- Sollte ein Beschluss gefasst worden sein, der betriebsverfassungsrechtliche Grenzen überschreitet (Beispiel: Vertragsschluss mit Dritten), können die Betriebsratsmitglieder – gesamtschuldnerisch – in Haftung genommen werden, die dem Beschluss zustimmten. Sinn und Zweck einer gesamtschuldnerischen Haftung ist, dass sich die Mitglieder weder hinter dem Organ Betriebsrat noch ihren Betriebsratskollegen sollen „verstecken" können.
- Es wird ein Beschluss gefasst, der eine unerlaubte Handlung zur Folge hat. Beispiel: Beschlussgegenstand ist, Betriebsgeheimnisse einem Dritten zu offenbaren.

Voraussetzung für die gesamtschuldnerische Haftung ist, dass bewiesen werden muss, wer von den Betriebsratsmitgliedern zustimmte (Richardi BetrVG/Thüsing BetrVG Vor § 26 Rn. 16). Es haften gesamtschuldnerisch die Betriebsratsmitglieder, die dem Beschluss zustimmten, nicht aber diejenigen, die gegen den Beschluss gestimmt haben oder gar nicht an der Beschlussfassung beteiligt waren (Richardi BetrVG/Thüsing BetrVG Vor § 26 Rn. 16). Daneben sind – zumindest theoretisch – auch Fälle denkbar, in denen mehrere Betriebsratsmitglieder gemeinsam eine unerlaubte Handlung begehen.

Praxistipp

Ob es sich ermitteln lässt, wer für einen Beschluss stimmte, ist fraglich. Dennoch sollte dies nicht als Haftungsfreistellung verstanden werden!

52. Haftet der Betriebsratsvorsitzende vorrangig?

Nein, der Betriebsratsvorsitzende haftet **nicht vorrangig.** Der Betriebsratsvorsitzende hat innerhalb des Betriebsrats **keine übergeordnete Stellung.** Er hat nur unter anderem die gesetzliche Aufgabe, Willenserklärungen des Betriebsrats abzugeben. Der Betriebsratsvorsitzende ist das so genannte „Sprachrohr“ des Gremiums (LAG SchlH 9.8.2002 – 4 Ta 96/00), wodurch für sich genommen keine vorrangige Haftung des Betriebsratsvorsitzenden begründet wird. Durch seine Funktion als „Sprachrohr“ des Betriebsrats ergibt sich jedoch die Möglichkeit, als Vertreter (ohne Vertretungsmacht) für einen Vertragsabschluss mit einem Dritten haftbar gemacht zu werden.

Praxistipp

Dabei handelt es sich nicht um eine vorrangige Haftung. Jedes Betriebsratsmitglied kann aus einem Vertragsabschluss, welches es in eigenem Namen (also nicht für den Betriebsrat; eigener Vertrag) oder ohne jegliche Berechtigung (Beispiel: ohne Vollmacht; Haftung als Vertreter ohne Vertretungsmacht) abschließt, verpflichtet werden (→ Frage 43: Haftet das Mitglied für rechtsgeschäftliches Handeln?; → Frage 44: Haftet das Mitglied, wenn es rechtsgeschäftlich als Vertreter ohne Vertretungsmacht handelt?).

Im Oktober 2012 hat ein Urteil des Bundesgerichtshofs (BGH 25.10.2012 – III ZR 266/11) für Aufsehen gesorgt, welches die Haftung eines Betriebsratsvorsitzenden zum Gegenstand hat und deshalb hier auch Erwähnung finden soll: Inhaltlich ging es dabei um eine nicht notwendige Beauftragung (Vertragsschluss) eines Beratungsunternehmens durch einen Betriebsratsvorsitzenden. Der Betriebsratsvorsitzende handelte aufgrund eines Beschlusses, in welchem die Beauftragung des Beratungsunternehmens durch den Betriebsrat beschlossen worden war. Als das Beratungsunternehmen das Honorar forderte, lehnte der Arbeitgeber die Kostenübernahme mit dem Argument ab, die Beauftragung sei im betriebsverfassungsrechtlichen Sinn nicht erforderlich gewesen. Das Beratungsunternehmen hatte unter anderem gegen den Betriebsrat und dessen Vorsitzenden Klage erhoben. Der Bundesgerichtshof hat dazu Folgendes entschieden:

1. Der Betriebsrat als Gremium kann grundsätzlich nicht haften, da er nicht vermögensfähig ist (→ *Frage 13: Ist der Betriebsrat vermögensfähig?*). Der Betriebsrat kann aber aus einem Vertrag verpflichtet werden, wenn und soweit der Betriebsrat die anfallenden Kosten für seine Tätigkeit im Interesse des Betriebs und der Belegschaft unter Berücksichtigung der Belange des Arbeitgebers für erforderlich halten durfte. Liegt demnach eine Erforderlichkeit vor (Bestimmung der Erforderlichkeit im Nachhinein durch das Gericht), ist der Vertrag wirksam geschlossen und der Betriebsrat hat einen Anspruch auf Kostenübernahme gegen den Arbeitgeber (§ 40 BetrVG). Soweit diese Erforderlichkeitsgrenze jedoch überschritten wurde, wird der Betriebsrat nicht wirksam verpflichtet. Es stellt sich die Frage, wer für diesen – nicht erforderlichen – Teil für die überschießenden Kosten haftet.
2. Hier wurde eine grundsätzliche Möglichkeit der Haftung durch den BGH bejaht.

Eine Haftungsprivilegierung (→ *Frage 38: Was ist eine Haftungsprivilegierung?*) aufgrund des Betriebsratsamtes als Ehrenamt lehnte das Gericht in der Entscheidung ab. Ein Haftungsausschluss soll nur nach § 179 Abs. 2 und 3 BGB möglich sein (→ *Frage 44: Haftet das Mitglied, wenn es rechtsgeschäftlich als Vertreter ohne Vertretungsmacht handelt?*). Dies folgt dem Grundsatz, dass ein Betriebsratsmitglied im Zusammenhang mit Verträgen wie jede andere Person haftbar gemacht werden kann. Der BGH musste nicht entscheiden, ob auch die beschlussfassenden Mitglieder haften müssen. Das BAG nimmt generell in Fällen einer Beschlussfassung eine gesamtschuldnerische Haftung der zustimmenden Betriebsratsmitglieder an (BAG 24.4.1986 – 6 AZR 607/83). Für das einzelne Betriebsratsmitglied – also nicht nur für den Betriebsratsvorsitzenden – bedeutet dies, dass es für einen Vertrag, welches es im Namen des Betriebsrats mit einem Dritten abschließt, für den Differenzbetrag haftbar gemacht werden kann (analog § 179 BGB), soweit die betriebsverfassungsrechtliche Erforderlichkeitsgrenze (§ 40 Abs. 1 BetrVG) überschritten wurde (Beispiel: nicht marktübliche Vergütung). Der BGH versucht, die unterschiedlichen Interessen ins Gleichgewicht zu bringen. Der Arbeitgeber soll nur so lange die Kosten tragen, wie es betriebsverfassungsrechtlich erforderlich ist. Die vertrauensvolle Zusammenarbeit wird nicht ausgedehnt. Würden Dritte für ihre Arbeit nicht bezahlt werden, wäre die praktische Konsequenz, dass sie nicht mehr für Betriebsräte arbeiten würden. Der Betriebsrat könnte sich nur noch schwerlich externer (juristischer) Hilfe bedienen. Im Ergebnis wäre die Arbeitsleistung des Betriebsrats gefährdet.

Praxistipp

Die Entscheidung des Bundesgerichtshofs ist schwerlich nachzuvollziehen. Ob diese Entscheidung mit dem Charakter eines Ehrenamts zu vereinbaren ist, erscheint fraglich. Folgerichtig wurde die Entscheidung in der arbeitsrechtlichen Fachliteratur oft kritisiert. Es ist zu beachten, dass es sich bisher um einen absoluten Ausnahmefall handelt, dass ein Dritter den Betriebsratsvorsitzenden verklagt. Zudem können und sollten Vorkehrungen getroffen werden, um das Haftungsrisiko zu minimieren bzw. auszuschließen (→ Frage 53: Wie begrenzt der Betriebsrat das Haftungsrisiko?).

Wichtig: Das BGH-Urteil mag zwar abschreckend wirken, es bejaht aber nur – wie gezeigt – die grundsätzliche Möglichkeit einer Haftung eines Betriebsratsmitglieds in einem solchen Fall. Der BGH hatte die Sache zur Entscheidung an die Vorinstanz (OLG Frankfurt) zurückverwiesen. Diese sollte dann die Feststellungen zur Frage der Erforderlichkeit treffen und erneut entscheiden. **Das OLG Frankfurt entschied letztlich, dass nur der Betriebsrat als Gremium für die Zahlung zu haften habe (OLG Frankfurt 16.12.2013 – 1 U 184/10).** Das Gericht sah die Erforderlichkeitsgrenze als nicht überschritten an und verneinte daher eine mögliche Haftung des mitverklagten Betriebsratsvorsitzenden.

53. Wie begrenzt der Betriebsrat das Haftungsrisiko?

Ja, wenn der Betriebsratsvorsitzende bzw. ein Betriebsratsmitglied rechtsgeschäftlich handelt, sollte versucht werden, das Haftungsrisiko so weit wie möglich zu begrenzen:

- Es sollte erkenntlich gemacht werden, dass der Handelnde im Namen des Betriebsrats handelt!
- Hat der Handelnde Bedenken, dass das rechtsgeschäftliche Handeln nicht erforderlich ist bzw. die betriebsverfassungsrechtlichen Grenzen überschreitet, sollte er diese unbedingt noch einmal seinen Betriebsratskollegen vortragen!
- Zur Frage, was betriebsverfassungsrechtlich erforderlich ist, lohnt es sich, die entsprechenden Kommentierungen heranzuziehen (§ 40 BetrVG)!
- Vor der Beauftragung sollte Rechtsrat eingeholt werden, wenn Zweifel an der Erforderlichkeit bestehen!
- Die vertragliche Vereinbarung mit dem Dritten sollte so gestaltet werden, dass eine Haftung eingeschränkt oder ausgeschlossen wird (BGH 25.10.2012 – III ZR 266/11; wobei die Möglichkeit des Haftungsausschlusses strittig ist)!
- Mit dem Arbeitgeber sollte versucht werden, Vereinbarungen zu treffen, wie in solchen Fällen die Kostentragungslast geregelt wird!
- Der Handelnde sollte darauf achten, dass er sich in den Grenzen des Beschlusses bewegt!

Praxistipp

Sollte ein Betriebsratsvorsitzender bzw. ein rechtsgeschäftlich handelndes Betriebsratsmitglied einen Beschluss inhaltlich nicht mittragen, sollte er/es darauf bestehen, dass das in die Sitzungsniederschrift aufgenommen wird!

VI. Haftungsrechtliche Konsequenzen

Das nachfolgende Kapitel beschäftigt sich mit möglichen haftungsrechtlichen (Rechts-)Folgen. Kann ein haftungsauslösendes Verhalten festgestellt werden, also die Frage, „ob" das Betriebsratsmitglied haften muss (→ *V. Einleitung* ff.), stellt sich nachfolgend die Frage, „wie" das Betriebsratsmitglied haftet.

Dabei sind grundsätzlich folgende Konsequenzen denkbar, die im Folgenden genauer erläutert werden: Erfüllung, Schadensersatz, Schmerzensgeld, Freiheitsstrafe oder Geldstrafe.

54. Wann haftet ein Betriebsratsmitglied auf Erfüllung?

Ein Anspruch auf Erfüllung als haftungsrechtliche Konsequenz kann sich für ein Betriebsratsmitglied aus einer vertraglichen bzw. quasivertraglichen (§ 179 BGB) (→ *Frage 44: Haftet das Mitglied, wenn es rechtsgeschäftlich als Vertreter ohne Vertretungsmacht handelt?*) Konstellation ergeben.

Mit Erfüllung ist grundsätzlich gemeint, dass die aus dem (Quasi-)Vertrag geschuldete Leistung (Beispiel: Honorarzahlung) erbracht wird und damit die Verpflichtung erlischt (vgl. § 362 Abs. 1 BGB). Mit dem Anspruch auf Erfüllung soll die vertragliche Verpflichtung gesichert werden (Grundsatz: Verträge sind einzuhalten).

Ein Betriebsratsmitglied kann wie jede andere Person auch aus einem Vertrag in Anspruch (Beispiel: Zahlung) genommen werden (→ *Frage 45: Kann das Betriebsratsmitglied haftbar gemacht werden, wenn es einem Betriebsratsbeschluss zu einem Vertrag zustimmt?*).

Praxistipp

Daher sollte ein Vertragsabschluss – im Vorhinein – stets sorgfältig geprüft und darauf geachtet werden, eine persönliche Verpflichtung des Betriebsratsmitglieds zu vermeiden (→ Frage 53: Wie begrenzt der Betriebsrat das Haftungsrisiko?).

55. In welchem Umfang haftet das Betriebsratsmitglied für vertragliches Handeln?

Grundsätzlich richtet sich die Art und Höhe der Inanspruchnahme eines Betriebsratsmitglieds nach der vertraglichen Vereinbarung (Beispiel: Höhe des vertraglich vereinbarten Honorars).

Da ein Betriebsratsmitglied im Regelfall nicht eigenmächtig Verträge abschließt, beruht ein Vertragsabschluss auf der entsprechenden vorherigen Beschlussfassung des Gremiums. Basiert eine mögliche Haftungskonstellation also nicht auf einer ungewollten Selbstverpflichtung des Betriebsratsmitglieds (→ *Frage 43: Haftet das Mitglied für rechtsgeschäftliches Handeln?* ff.), sondern auf dem Mangel in der Beschlussfassung (Beispiel: Beauftragung eines Sachverständigen, BGH 25.10.2012 – III ZR 266/11), so kann ein Betriebsratsmitglied (Beispiel: Betriebsratsvorsitzender) zwar verklagt werden. Dabei ist aber zu beachten, dass das Betriebsratsmitglied nach Maßgabe des BGH nur **so weit** haftet, soweit die Erforderlichkeitsgrenze überschritten ist (also nur bezüglich des Betrags, der nicht mehr als erforderlich erachtet wird). Zudem kann das in Anspruch genommene Betriebsratsmitglied seinerseits diejenigen Betriebsratsmitglieder, die dem Beschluss zustimmten, als Gesamtschuldner (→ *Frage 45: Kann das Betriebsratsmitglied haftbar gemacht werden, wenn es einem Betriebsratsbeschluss zu einem Vertrag zustimmt?*) in Anspruch nehmen und die Summe anteilig fordern.

Wichtig: Im genannten BGH-Urteil wurde zwar die grundsätzliche Möglichkeit einer Haftung eines Betriebsratsmitglieds in einem solchen Fall bejaht; die Vorinstanz (OLG Frankfurt), die letztlich erneut über den Fall zu entscheiden hatte (Zurückverweisung durch den BGH, um die Erforderlichkeit zu prüfen), nahm letztlich nur eine Haftung des Betriebsrats als Gremium an **(OLG Frankfurt 16.12.2013 – 1 U 184/10)** (siehe auch → *Frage 52: Haftet der Betriebsratsvorsitzende vorrangig?*). Da die Erforderlichkeitsgrenze als nicht überschritten angesehen wurde, musste der mitverklagte Betriebsratsvorsitzende im konkreten Fall nicht haften.

Praxistipp

Für die Betriebsratsarbeit gilt daher, wie zuvor erläutert, dass bei sorgfältiger Prüfung (insbesondere der Erforderlichkeit) und Kommunikation mit dem Arbeitgeber diese (theoretische) Möglichkeit der Haftung nur in Ausnahmefällen relevant wird.

→ *Muster 2: Checkliste für einen rechtmäßigen Beschluss*

56. Wann haftet ein Betriebsratsmitglied auf Schadensersatz?

Ein Betriebsratsmitglied kann, wie bereits beschrieben, einem vertraglichen, quasivertraglichen oder gesetzlichen Schadenersatzanspruch ausgesetzt sein (→ *Frage 32: Welche Arten von „Haftung" gibt es?*). Allgemeine Regelungen zur Rechtsfolge des Schadensersatzes, der als Ausgleich für einen erlittenen Schaden dienen soll, finden sich in den §§ 249 ff. BGB. Die Höhe eines Schadensersatzanspruchs hängt dabei vom Einzelfall, insbesondere vom konkret festgestellten Schaden, ab. Dieser Schaden kann materiell (finanziell) und immateriell (sonstige Verletzungen iSd § 253 Abs. 2 BGB; Beispiele: Rufschädigung, Schmerzen) sein.

Beispiel

Ein Betriebsratsmitglied schlägt während einer Betriebsratssitzung ohne jegliche Rechtfertigung ein anderes Betriebsratsmitglied im Streit über eine Beschlussfassung. Dabei geht dessen Brille kaputt.

Die Höhe des festgestellten Schadens (Reparatur der Brille) kann – im Wege des Schadensersatzes – von dem Geschädigten gegenüber dem Schädiger geltend gemacht und eingefordert werden. Sollte dem Geschädigten allerdings ein Mitverschulden treffen, würde dies bedeuten, dass die Höhe des festgestellten – eigenen – Verschuldensanteils in Abzug gebracht werden muss (§ 254 BGB).

57. Wann haftet das Betriebsratsmitglied für Schmerzensgeld?

Die haftungsrechtliche Konsequenz des so genannten Schmerzensgelds kann auch ein Betriebsratsmitglied treffen. Voraussetzung dafür ist, dass ein Vertragspartner oder ein Dritter infolge der Begehung einer deliktischen Handlung (§§ 823 ff. BGB) einen immateriellen Schaden (§ 253 Abs. 2 BGB) erleidet.

Beispiel

In dem oben genannten Fall, in dem ein Betriebsratsmitglied ein anderes Betriebsratsmitglied schlägt, geht nicht nur dessen Brille kaputt, sondern das geschlagene Betriebsratsmitglied erleidet zudem eine Nasenbeinfraktur. Diese Verletzung des Körpers wäre ein immaterieller Schaden (§ 253 Abs. 2 BGB). Denn neben den materiellen Schäden (Reparatur der Brille, Arztrechnung) erleidet das geschädigte Betriebsratsmitglied bei einer Nasenbeinfraktur auch Schmerzen. Solche Schmerzen lassen sich auf den ersten Blick nicht konkret beziffern. Zur Orientierung, was für eine bestimmte Verletzung als Schmerzensgeld verlangt werden kann, dienen deshalb so genannte Schmerzensgeld-Tabellen (Beispiel: Slizyk, Beck'sche Schmerzensgeldtabelle). Dort ist aufgeführt, welche Schmerzensgeldbeträge in gerichtlichen Entscheidungen für bestimmte Verletzungsarten ausgeurteilt worden sind. Aber auch dies kann nur ein Richtwert sein; die Haftungssumme hängt vom jeweiligen Fall ab und muss einzeln geprüft und festgestellt werden.

58. Wann haftet das Betriebsratsmitglied mit Geld- oder Freiheitsstrafe?

Die zuvor beschriebenen möglichen Haftungskonsequenzen sind zivilrechtliche. Ein Betriebsratsmitglied, das eine Straftat begeht, kann dafür – selbstverständlich – auch strafrechtlich verantwortlich gemacht werden. Als Konsequenz einer strafrechtlichen Verfolgung eines Betriebsratsglieds kann dieses zu einer Geld- oder Freiheitsstrafe verurteilt werden; welches Strafmaß ausgeurteilt wird, hängt vom Einzelfall ab (zur Geldstrafe → *Frage 60: Mit welchen strafrechtlichen Konsequenzen muss ein Betriebsratsmitglied rechnen?*).

59. Kann das Handeln eines Betriebsratsmitglieds strafrechtliche Folgen nach dem BetrVG haben?

Ja, das Betriebsratsmitglied kann bei einem Verstoß gegen die Geheimhaltungsverpflichtung (§ 79 BetrVG) strafrechtlich verfolgt werden (zur zivilrechtlichen Haftung → *Frage 46: Haftet das Mitglied für Verstöße gegen die Geheimhaltungspflicht?*). Dies ergibt sich aus § 120 BetrVG, der eine Strafnorm außerhalb des Strafgesetzbuchs ist, welche eine Freiheitsstrafe oder eine Geldstrafe vorsieht. Demnach kann ein Betriebsratsmitglied mit einer Freiheitsstrafe von bis zu einem Jahr oder mit einer Geldstrafe (→ *Frage 60: Mit welchen strafrechtlichen Konsequenzen muss ein Betriebsratsmitglied rechnen?*) für einen Verstoß bestraft werden. Ebenso wird das Betriebsratsmitglied bestraft, wenn es unbefugt ein fremdes Geheimnis eines Arbeitnehmers, namentlich ein zu dessen persönlichen Lebensbereich gehörendes Geheimnis, offenbart, das ihm in seiner Eigenschaft als Mitglied des Betriebsrats bekannt geworden ist und über das nach den Vorschriften des Betriebsverfassungsgesetzes Stillschweigen zu bewahren ist. Begeht der Täter die Tat gegen Entgelt oder in der Absicht, sich zu bereichern, oder verwertet er als Betriebsrats- oder Ersatzmitglied unbefugt Betriebs- oder Geschäftsgeheimnisse, so sieht das Gesetz eine Freiheitsstrafe von bis zu 2 Jahren oder eine Geldstrafe vor.

Täter kann nur ein Betriebsrats- oder Ersatzmitglied so wie die übrigen in § 120 BetrVG genannten Personen sein (so genanntes echtes Sonderdelikt). Tathandlung ist das unbefugte Offenbaren eines vom Arbeitgeber als solches ausdrücklich bezeichneten Betriebs- und Geschäftsgeheimnisses an einen Dritten (eine Person außerhalb der in § 79 BetrVG genannten Betriebsverfassungsorgane, vgl. ErfK/Kania BetrVG § 120 Rn. 3). Die Vorschrift ist ein Vergehen (Verbrechen sehen eine Freiheitsstrafe von **mindestens** einem Jahr vor, eine Geldstrafe ist nicht vorgesehen, § 12 Abs. 1 Strafgesetzbuch). Zudem ist es ein sog. absolutes Antragsdelikt (§ 120 Abs. 4 BetrVG), sodass es ohne Strafantrag – Antrag des Verletzten, dass die Tat verfolgt werden soll – nicht strafrechtlich verfolgt werden kann.

60. Mit welchen strafrechtlichen Konsequenzen muss ein Betriebsratsmitglied rechnen?

§ 120 BetrVG sieht einen Strafrahmen von einer Geld- oder Freiheitsstrafe von bis zu einem Jahr bzw. in besonderen Fällen bis zu 2 Jahren vor (→ *Frage 59: Kann das Handeln eines Betriebsratsmitglieds strafrechtliche Folgen nach dem BetrVG haben?*). Ob ein Betriebsratsmitglied noch eine Geldstrafe erhält oder bereits eine Freiheitsstrafe (mit Bewährung) verhängt werden soll, hängt immer vom Einzelfall ab. Dabei spielen so genannte strafmildernde und strafschärfende Strafzumessungsgesichtspunkte (§ 46 Strafgesetzbuch (StGB)) eine Rolle – Beispiele:

- Ist das handelnde Betriebsratsmitglied einschlägig vorbestraft, könnte eine Geldstrafe vom Gericht als nicht mehr ausreichend empfunden werden
- Glaubhaftes Geständnis
- Art des Vorgehens (Beispiel: ausgiebige und umfangreiche Planung des Geheimnisverrats)
- Umfang der Tat
- Schaden beim Opfer
- Reue

Beispiel

Soll ein Betriebsratsmitglied wegen eines Verstoßes gegen die Geheimhaltungspflicht zu einer Geldstrafe verurteilt werden, so wird eine solche in Tagessätzen angegeben. Das Gesetz sieht dabei vor, dass zwischen 5 und 360 Tagessätze (§ 40 Abs. 1 StGB) verhängt werden können. Die Höhe des Tagessatzes, also der Betrag, der gezahlt werden soll, richtet sich dabei nach dem Nettoeinkommen des Betreffenden und kann zwischen 1 EUR und 30.000 EUR liegen (§ 40 Abs. 2 StGB).

61. Haftet das Betriebsratsmitglied mit dem Privatvermögen?

Ja, wenn das Betriebsratsmitglied zur persönlichen Haftung herangezogen werden kann, muss es mit seinem **Privatvermögen** haften.

Praxistipp

Rechtsschutzversicherungen bieten für Betriebsratsmitglieder keine persönliche Versicherung an. Eine Vermögensschadenshaftpflichtversicherung für das Gremium ist bislang unbekannt. Nachgedacht werden könnte über eine Regelung, wonach der Arbeitgeber für den „Versicherungsschutz" des Betriebsrats zu sorgen hat. Basierend auf dem allgemeinen Kostentragungsgrundsatz (§ 40 BetrVG) wäre es denkbar, dass der Arbeitgeber den Betriebsrat in seine „Versicherungsverträge" mit aufnimmt, etwa im Rahmen einer Compliance-Versicherung. Ob dies aber aus rechtlicher Sicht haltbar ist und welche Ausnahmetatbestände eingefügt werden müssten, damit der Arbeitgeber nicht mittelbar für jegliches Handeln und Haftungsfälle des Betriebsrats einzutreten hat, ist äußerst fraglich. Aufgrund der Wichtigkeit der Thematik wird auf die umfassende rechtliche Ausarbeitung und Ausführung von Hadyk, Die Erforderlichkeit einer Vermögensschadenhaftpflichtversicherung für Betriebsratsmitglieder, Diss. 2023, verwiesen.

VII. Weitere mögliche – betriebsverfassungsrechtliche – Konsequenzen in Haftungsfällen

In Haftungsfällen, die auf einem Fehlverhalten eines Betriebsratsmitglieds beruhen, sind neben den genannten haftungsrechtlichen Konsequenzen (→ *VI. Einleitung* ff.) noch weitere – betriebsverfassungsrechtliche – Konsequenzen möglich.

62. Welche weiteren Konsequenzen gibt es?

Als weitere betriebsverfassungsrechtliche Konsequenzen kommen in Betracht:

- Ausschluss aus dem Betriebsrat
- Klage auf Unterlassung einer Handlung
- Kündigung

63. Kann das Betriebsratsmitglied aus dem Betriebsrat gerichtlich ausgeschlossen werden?

Ja, das Betriebsratsmitglied kann kraft gerichtlicher Entscheidung aus dem Betriebsrat ausgeschlossen werden (§ 23 Abs. 1 BetrVG). Das Arbeitsgericht entscheidet im Beschlussverfahren (zur Auflösung des Betriebsrats als gesamtes Gremium → *Frage 27: Kann der Betriebsrat aufgelöst werden?*).

64. Welche Voraussetzungen müssen für einen gerichtlichen Ausschluss erfüllt sein?

Voraussetzung für einen gerichtlichen Ausschluss eines Betriebsratsmitglieds aus dem Betriebsrat ist das Vorliegen einer objektiv erheblichen und offensichtlich schwerwiegenden Amtspflichtverletzung (BAG 21.2.1978 – 1 ABR 54/76; dazu auch BAG 22.6.1993 – 1 ABR 62/92). Gemeint ist ein Verstoß, der das Vertrauen in eine künftige ordnungsgemäße Amtsausführung zerstört oder zumindest schwer erschüttert (BVerwG 14.4.2004 – 6 PB 1/04). Verletzt das Verhalten „nur" eine arbeitsvertragliche Pflicht, so kann dies zu individualarbeitsrechtlichen Konsequenzen führen, nicht jedoch zu einem Ausschluss aus dem Betriebsrat (ErfK/Koch BetrVG § 23 Rn. 2). Amtspflichten (gesetzliche Pflichten iSv § 23 BetrVG) sind generell alle Bestimmungen für den Betriebsrat, die Pflichten für das einzelne Betriebsratsmitglied begründen (Richardi BetrVG/Thüsing BetrVG § 23 Rn. 12 ff.). Dies sind zum Beispiel:

Verletzung der

- Friedenspflicht (§ 74 Abs. 2 BetrVG)
- Geheimhaltungspflicht (§ 79 BetrVG)
- Grundsätze für die Behandlung der Betriebsangehörigen (§ 75 BetrVG)

sowie Verstöße aus

- weiteren Gesetzen
- einem Tarifvertrag oder
- einer Betriebsvereinbarung (wenn betriebsverfassungsrechtliche Pflichten konkretisiert werden).

Die Verletzung der Amtspflicht muss schuldhaft erfolgt sein (→ *Frage 35: Welche Arten des Verschuldens gibt es im Arbeitsrecht?*).

Praxistipp

Auch in diesem Zusammenhang ist es umstritten, ab wann – also aber welcher Fahrlässigkeitsstufe – gehaftet wird: Eine Ansicht vertritt, dass eine Haftung erst ab grober Fahrlässigkeit in Betracht kommt (Fitting BetrVG § 23 Rn. 16). Nach anderer Ansicht reicht bereits normale Fahrlässigkeit aus (Richardi BetrVG/Thüsing BetrVG § 23 Rn. 26). Ein einmaliger Verstoß kann für den Ausschluss ausreichend sein (ErfK/Koch BetrVG § 23 Rn. 4).

Um das Haftungsrisiko zu minimieren bzw. um das Risiko des Ausschlusses aus dem Betriebsrat zu vermeiden, sollte die Grenze der normalen Fahrlässigkeit als Maßstab herangezogen werden.

Beispiel

- *Beteiligung als Betriebsratsmitglied in herausragender Stellung bei einem Streik (Beispiel: Streikposten (ArbG Hamm 21.7.1975 – 3 BV Ca 3/75)),*
- *Handgreiflichkeiten gegenüber anderen Betriebsratsmitgliedern während der Sitzung (ArbG Berlin 19.5.1981 – 10 Ca 72/81),*
- *Unrichtige Abrechnung von Reisekosten im Zusammenhang mit einer Betriebsratssitzung (LAG Hamm 23.4.2008 – 10 TaBV 117/07),*
- *Verletzung der Schweigepflicht bei Betriebs- und Geschäftsgeheimnissen (BAG 5.9.1967 – 1 ABR 1/67),*
- *Mehrmalige unberechtigte Einsicht in elektronische Personalakten (LAG Bln-Bbg 12.11.2012 – 17 TaBV 1318/12).*

→ *Muster 1: Antrag auf Ausschluss eines Betriebsratsmitglieds aus dem Betriebsrat*

65. Gibt es einen außergerichtlichen Ausschluss?

Nein, ein Betriebsratsmitglied kann nur durch eine gerichtliche Entscheidung aus dem Betriebsrat ausgeschlossen werden, nicht von Betriebsratskollegen. Grund dafür ist, dass ein Betriebsratsmitglied von Teilen der Belegschaft gewählt wurde und das Ehrenamt aufgrund des Wahlergebnisses übernimmt. Der Eingriff in die Wahl wäre zu erheblich, könnten Betriebsratsmitglieder „störende“ Betriebsratskollegen – unter Umständen aufgrund von persönlichen Belangen – aus dem Betriebsrat ausschließen.

Praxistipp

Dieser „Schutz“ hindert die übrigen Betriebsratsmitglieder aber nicht daran, den Ausschluss eines Betriebsratsmitglieds aus dem Betriebsrat durch einen gerichtlichen Beschluss zu beantragen (→ Frage 66: Wie kann ein gerichtlicher Ausschluss möglich gemacht werden?).

66. Wie kann ein gerichtlicher Ausschluss möglich gemacht werden?

Der Ausschluss eines Betriebsratsmitglieds muss beim Arbeitsgericht beantragt werden. Antragsberechtigt sind gem. § 23 Abs. 1 BetrVG

- ein Viertel der wahlberechtigten Arbeitnehmer,
- der Arbeitgeber,
- eine im Betrieb vertretene Gewerkschaft,
- der Betriebsrat.

Möchte der Betriebsrat ein Betriebsratsmitglied gerichtlich ausschließen lassen, bedarf es eines Beschlusses des Betriebsrats (einfache Mehrheit reicht dafür aus, BeckOK ArbR/Besgen BetrVG § 23 Rn. 8). Das Betriebsratsmitglied, dessen Ausschluss beschlossen werden soll, ist bei dieser Beschlussfassung nicht stimmberechtigt; es muss das entsprechende Ersatzmitglied eingeladen werden und das betroffene Betriebsratsmitglied darf auch nicht an der Beratung teilnehmen (Richardi BetrVG/Thüsing BetrVG § 23 Rn. 34). Nach herrschender Meinung ist diese **unmittelbare Betroffenheit** ein Fall zeitweiliger Verhinderung (Fitting BetrVG § 23 Rn. 13). Daher muss ein Ersatzmitglied geladen werden. Wird kein Ersatzmitglied geladen, kann bereits dies zur Unwirksamkeit des Beschlusses führen (BAG 3.8.1999 – 1 ABR 30/98).

Praxistipp

Der Antrag muss auch begründet werden! Dafür reicht es nicht aus, dass ein Betriebsratsmitglied „unbequem“ ist. Der Maßstab ist streng: Es wird verlangt, dass das Betriebsratsmitglied durch ein ihm anrechenbares Verhalten die Funktionsfähigkeit des Betriebsrats ernstlich bedroht oder lahmgelegt hat (BAG 5.9.1967 – 1 ABR 1/67). Dies muss dargelegt und bewiesen werden! Sollte das der Fall sein, wäre der Ausschluss aus dem Betriebsrat nicht nur gerechtfertigt, sondern sogar erforderlich. Das Betriebsratsmitglied soll das Ehrenamt nicht ausnutzen und hat sich an Recht und Gesetz zu halten.

→ *Muster 1: Antrag auf Ausschluss eines Betriebsratsmitglieds aus dem Betriebsrat*

→ *Muster 2: Checkliste für einen rechtmäßigen Beschluss*

67. Kann ein Mitglied vom Arbeitgeber auf Unterlassen verklagt werden?

Ja, ein Betriebsratsmitglied kann zum Beispiel im Fall des Verstoßes gegen § 79 BetrVG auf ein Unterlassen verklagt werden. Mit einem solchen Anspruch wird dem Betriebsratsmitglied untersagt, von § 79 BetrVG umfasste Geheimnisse an Dritte zu offenbaren. Dafür wird dem Betriebsratsmitglied ein Zwangsmittel für den Fall des Zuwiderhandelns angedroht.

Praxistipp

Die Höhe muss im Einzelfall geprüft und benannt werden. Das Gesetz sieht ein Ordnungsgeld im Höchstmaß von 250.000 EUR vor (§ 890 ZPO). Daneben ist auch die Verhängung von Ordnungshaft bis zu sechs Monaten möglich. Eine Ordnungshaft kann auch verhängt werden, wenn das Ordnungsgeld nicht beigetrieben werden kann (HessLAG 16.12.2010 – 9 TaBV 55/10).

68. Kann ein Verstoß gegen § 79 BetrVG zur Kündigung führen?

Ja, auch eine außerordentliche Kündigung kann im Fall des Verstoßes gegen § 79 BetrVG gerechtfertigt sein, was aber vom Einzelfall abhängig ist. Eine solche setzt insbesondere einen **schweren Verstoß** – zumindest auch – gegen die Pflichten aus dem **Arbeitsvertrag** voraus (Fitting BetrVG § 79 Rn. 41). Eine reine Verletzung der Amtspflichten ist nicht ausreichend. Bei Letzterer käme nur der Ausschluss aus dem Betriebsrat in Betracht (Fitting BetrVG § 103 Rn. 30).

VIII. Gerichtsverfahren

Das letzte Kapitel thematisiert – auch im Zusammenhang mit der Haftung – Fragen, die das gerichtliche Verfahren betreffen:

- Kann ich als Betriebsratsmitglied verklagt werden?
- Welche gerichtlichen Konsequenzen kann mein Fehlverhalten als Betriebsratsmitglied haben?

69. Welche arbeitsrechtlichen Gerichtsverfahren gibt es?

Es gibt individualarbeitsrechtliche und kollektivarbeitsrechtliche Gerichtsverfahren:

- Individualarbeitsrechtliche Gerichtsverfahren betreffen regelmäßig das Verhältnis zwischen **Arbeitnehmer und Arbeitgeber** (§ 2 ArbGG).
- Kollektivarbeitsrechtliche Gerichtsverfahren betreffen unter anderem **Streitigkeiten aus dem Betriebsverfassungsgesetz** (§ 2a ArbGG).

70. Wie wird in dem jeweiligen Gerichtsverfahren entschieden?

Im **individualarbeitsrechtlichen** Gerichtsverfahren wird per **Urteil** entschieden. Die Parteien (beteiligte Personen im Gerichtsverfahren) heißen Kläger und Beklagter.

Im **kollektivarbeitsrechtlichen** Gerichtsverfahren wird per **Beschluss** entschieden. Die Parteien heißen Antragsteller und Antragsgegner.

In **Haftungsfällen** können sich daneben Konstellationen ergeben, in denen keine arbeitsgerichtliche Zuständigkeit, sondern die eines Zivilgerichts gegeben ist.

Bei Angelegenheiten, die das **Betriebsverfassungsrecht** betreffen, ist nach § 2a ArbGG eine Zuständigkeit des **Arbeitsgerichts im Beschlussverfahren** gegeben.

Basiert die Streitigkeit auf einer **zivilrechtlichen** Grundlage (bürgerliche Rechtsstreitigkeit; Beispiel: Streit über Honorarforderung aus einem Dienstvertrag (BGH 25.10.2012 – III ZR 266/11; in der Literatur kritisch angemerkt)), entscheidet ein Zivilgericht (und nicht ein Arbeitsgericht) **per Urteil.**

71. Kann das Betriebsratsmitglied verklagt werden?

Ja, das Betriebsratsmitglied kann verklagt werden. Insoweit ist die Doppelstellung (→ *Frage 30: Sind Betriebsratsmitglieder rechtlich „doppelt" vorhanden?*) relevant. Der vorgeworfene Verstoß muss dabei im Zusammenhang mit der Betriebsratsarbeit stehen.

72. Was ist die Darlegungs- und Beweislast?

Die **Darlegungslast** fragt danach, was die jeweilige Partei vor Gericht als Tatsachen vortragen (also darlegen) muss, um einen Anspruch geltend zu machen oder abzuwehren. Im Rahmen der **Beweislast** muss die Partei diese Tatsachen dann auch grundsätzlich beweisen. Generell gilt: Man muss stets das beweisen, was für einen im Prozess günstig ist.

73. In welchem Verfahren gelten die Grundsätze?

Die Darlegungslast und die Beweislast gelten in individualarbeitsrechtlichen Gerichtsverfahren.

74. Was ist der Amtsermittlungsgrundsatz?

Nach dem Amtsermittlungsgrundsatz hat ein Gericht den zu klärenden Sachverhalt von sich aus – also auch ohne entsprechenden Vortrag einer Partei – zu untersuchen. Selbstverständlich haben die Parteien dennoch an der Aufklärung des Sachverhaltes mitzuwirken (§ 83 Abs. 1 ArbGG).

75. In welchem Verfahren gilt dieser Grundsatz?

Der Amtsermittlungsgrundsatz gilt in kollektivarbeitsrechtlichen Gerichtsverfahren.

Muster

Muster 1: Antrag auf Ausschluss eines Betriebsratsmitglieds aus dem Betriebsrat

Arbeitsgericht Weberstadt

Weberweg 1

12345 Weberstadt

Antrag auf Einleitung eines Beschlussverfahrens

In dem Beschlussverfahren mit den Beteiligten

1. XY GmbH, vertreten durch deren Geschäftsführer Herrn Willi Weber,
   Weberstr. 1, 12345 Weberstadt

– Antragstellerin und Beteiligte zu 1. –

gegen

2. den Betriebsrat der XY GmbH, vertreten durch die Betriebsratsvorsitzende Frau Susanne Fischer,
   Sonnenscheinweg 1, 12345 Weberstadt

– Antragsgegner und Beteiligter zu 2. –

3. das Betriebsratsmitglied Michael Müller, Hauptstraße 1, 12345 Weberstadt

– Beteiligter zu 3. –

Wir beantragen

den Beteiligten zu 3. aus dem Betriebsrat der XY GmbH,

Weberstr. 1, 12345 Weberstadt, auszuschließen.

Sachverhalt

Die Antragstellerin und Beteiligte zu 1., im Folgenden nur Antragstellerin genannt, ist ein Unternehmen der Hotelbranche. Sie beschäftigt derzeit 35 Mitarbeiter. Der Antragsgegner und Beteiligter zu 2., künftig lediglich Antragsgegner genannt, ist der für den Betrieb gewählte Betriebsrat, dessen Vorsitzende Frau Susanne Fischer ist. Das Gremium besteht aus drei Betriebsratsmitgliedern.

1.

Der Beteiligte zu 3., geboren am 15.5.1961, ist seit August 2015 bei der Antragstellerin zu 1. im Hotel AB beschäftigt. Sein monatliches Bruttogehalt liegt bei EUR 2.000,00. Seit dem 1.6.2018 gehört er ununterbrochen als ordentliches Mitglied dem Betriebsrat an.

2.

Bei der Antragstellerin ist der Angestellte Herr Manuel Schmitz als Empfangsmitarbeiter seit dem 1.1.2019 befristet angestellt. Am 15.10.2019 erhielt die Antragstellerin eine E-Mail des Zeugen Schmitz, in der er den Beteiligten zu 3. der schweren Beleidigung und körperlichen Gewalt nach einer Meinungsverschiedenheit beschuldigt. Er habe, nachdem der Zeuge Schmitz ihn auf Unregelmäßigkeiten seines Dienstes am 13.10.2019 hingewiesen hat, ihn mehrfach schwer beleidigt und durch Handgreiflichkeiten sogar nachweislich verletzt. Auch habe der Beteiligte zu 3. damit gedroht, dass er gegen eine Entfristung des Arbeitsvertrages stimmen wird, wenn der Zeuge Schmitz den Zwischenfall öffentlich mache oder diesen Vorfall an die Antragstellerin melde.

Aufgrund der Schwere der Beleidigung und Verletzung habe Herr Schmitz jedoch keine andere Möglichkeit mehr gesehen, als sich bei der Antragstellerin zu melden.

Beweis:

1. Zeugnis des Herrn Manuel Schmitz, Postweg 5, 12345 Weberstadt;
2. E-Mail vom 15.10.2019 (Anlage 1);
3. ärztliche Bescheinigung vom 13.10.2019 (Anlage 2).

Rechtliche Würdigung

Der Antrag der Antragstellerin auf Ausschluss des Beteiligten zu 3. aus dem Betriebsrat ist zulässig und begründet.

Der Anspruch der Antragstellerin ergibt sich aus § 23 Abs. 1 BetrVG.

Danach ist der Ausschluss eines Betriebsratsmitgliedes gerechtfertigt, wenn ein grober Verstoß gegen gesetzliche Pflichten vorliegt. Der Umfang der Pflichtverletzung muss objektiv in erheblichem Maße und offensichtlich schwerwiegend sein.

Die Schwere der Beleidigungen, der körperlichen Gewalt und der Androhung in Bezug auf die Entfristung des Zeugen Schmitz durch den Beteiligten zu 3. und der in seinen Augen damit verbundene Missbrauch seines Betriebsratsamts stellt einen solchen Verstoß dar, unabhängig davon, in welchem tatsächlichen Maße der Beteiligte zu 3. tatsächlich Einfluss auf die vertragliche Gestaltung und Festanstellung des Zeugen Schmitz hatte.

Nach § 99 BetrVG hat der Betriebsrat, dessen Mitglied der Beteiligte zu 3. ist, in erheblichem Umfang Einfluss auf Einstellungen. Diesen Eindruck hat der Beteiligte zu 3. bei dem Zeugen erweckt und verstärkt. Durch diesen erheblichen Missbrauch seines Amts ist der Beteiligte zu 3. als Betriebsratsmitglied nicht mehr tragbar. Auch für das zukünftig zu erwartende Verhalten des Beteiligten zu 3. besteht eine Negativprognose. Durch die Schwere seiner Tat ist eine Wiederholungsgefahr nicht auszuschließen und lässt annehmen, dass der Beteiligte zu 3. sich auch zukünftig gegenüber anderen Arbeitnehmern derart verhalten wird.

Somit ist antragsgemäß zu entscheiden.

Sollte das Gericht weiteren Sachvortrag/Beweisantritt für erforderlich halten, bitten wir höflich um einen richterlichen Hinweis gem. § 139 ZPO.

____

Unterschrift

Muster 2: Checkliste für einen rechtmäßigen Beschluss

Nr.	**Checkliste für einen rechtmäßigen Beschluss (zB zur Beauftragung eines Rechtsanwalts für die Unterstützung der Betriebsratsarbeit)**	☑
1.	Erstellung einer Tagesordnung mit dem Tagesordnungspunkt (TOP): Beauftragung des Rechtsanwalts X zu der erforderlichen Unterstützung des Gremiums zu der Thematik Y.	☐
2a.	Ordnungsgemäße Einladung durch den Betriebsratsvorsitzenden zu einer Betriebsratssitzung, in der der entsprechende TOP beschlossen werden soll.	☐
2b.	Alle ordentlichen Betriebsratsmitglieder sind zu laden, soweit nicht ein – tatsächlicher oder rechtlicher – Verhinderungsfall vorliegt; in einem solchen Fall ist das richtige Ersatzmitglied zu laden.	☐
3.	Entsprechende Abmeldung der Betriebsratsmitglieder beim Arbeitgeber oder Abteilungsleiter, dass sie zur Betriebsratssitzung gehen.	☐
4.	Eigenhändiges Eintragen in die Anwesenheitsliste bzw. Benachrichtigung an den Betriebsratsvorsitzenden per Textform (E-Mail), dass das Mitglied an der Sitzung teilnimmt.	☐
5.	Feststellung der Beschlussfähigkeit durch den Betriebsratsvorsitzenden. (Empfohlen wird, die Beschlussfähigkeit nicht nur am Anfang der Sitzung festzustellen, sondern vor jedem möglichen Beschluss.)	☐
6.	Ausführliche, inhaltsbezogene Diskussion über den TOP.	☐
7a.	Beschlussfassung – dabei bedarf es der sog. „doppelten Mehrheit“: 1. Mindestens die Mehrheit der Betriebsratsmitglieder muss an der Beschlussfassung teilnehmen. 2. Mindestens die Mehrheit der anwesenden Betriebsratsmitglieder muss für den TOP stimmen.	☐
7b.	Besonderer Hinweis: Wenn ein Betriebsratsmitglied gegen die Beauftragung eines Rechtsanwalts ist, da die betriebsverfassungsrechtliche Erforderlichkeit nicht gesehen wird, dann hat das (überstimmte) Betriebsratsmitglied das Recht, in die Sitzungsniederschrift aufnehmen zu lassen, dass es dagegen gestimmt hatte. Dies könnte von haftungsrechtlicher Bedeutung sein.	☐
8.	Beschlussfassung in der Sitzungsniederschrift festhalten; Sitzungsniederschrift muss im Nachgang von dem Betriebsratsvorsitzenden und einem weiteren Mitglied unterschrieben werden.	☐
9.	Bekanntmachung des Beschlussergebnisses beim Arbeitgeber zwecks Wahrung des § 80 Abs. 3 S. 1 BetrVG (bitte lesen!)! Das ist ein ganz wichtiger Hinweis, da das Betriebsverfassungsgesetz dem Arbeitgeber das Recht der „näheren Vereinbarung“ zuspricht.	☐
10.	Kontaktaufnahme mit dem Rechtsanwalt, um mit ihm noch einmal die Beschlussfassung abzusprechen und ihn zu bitten, eine entsprechende Mandats- und Honorarvereinbarung an den Arbeitgeber mit der Bitte um Unterzeichnung zu senden.	☐